«Para tener una vida saludable, necesitas crear un ritmo saludable en tu vida. En *Zero Frequency*, Mabel Katz te mostrará cómo usar tu poder interior para crear y mantener tu propio ritmo de vida, un ritmo único, para que tu vida fluya con facilidad y gracia».

MICHAEL BERNARD BECKWITH, fundador y director
espiritual de Agape International Spiritual Center
y autor de *Life Visioning* y *Spiritual Liberation*

«He tenido la gran suerte de conocer el enorme poder del Ho'oponopono. Ahora, Mabel Katz ha desvelado este poder a todo el mundo. ¡Este es un libro imprescindible!».

MARCI SHIMOFF, autora de *Feliz porque sí*,
bestseller #1 de *The New York Times*

«*Zero Frequency* es la puerta de entrada a una vida más consciente y llena de significado. Existe un motivo por el que las personas más realizadas del mundo incorporan la espiritualidad a sus vidas para alcanzar los mejores resultados, mantener la calma en momentos de presión y vivir con equilibrio. Este libro te muestra el porqué».

JANET BRAY ATTWOOD, autora de *El test de la pasión*,
bestseller de *The New York Times*.

«Este hermoso y profundo libro te mostrará el significado y el propósito de tu vida, mediante herramientas prácticas para conectar con lo que realmente te importa. Pocas veces he visto un libro que pueda enseñarte tan claramente un método para alcanzar tus sueños y vivir una vida realmente plena».

MARCIA WIEDER, directora ejecutiva de la
Dream University y autora *bestseller*

«¡Eureka! Exactamente el libro que buscaba. Adoro *Zero Frequency* por sus planteamientos claros y sus conmovedoras historias para una vida feliz y plena».

PAT BURNS, cofundadora del festival de libros infantiles Orange County y periodista de la revista *GRAND Magazine*

«Mabel tiene un don natural para contar historias y transmitir una sabiduría selecta que, enseguida, llega a nuestro corazón con sencillas verdades y nos inspira a ser la mejor versión de nosotros mismos».

PETER MONTOYA,
autor del *bestseller The Brand Called You*

«Mabel ha elaborado una estrategia poderosa para que cualquiera pueda acceder a una vida mejor. ¡Soy una prueba de ello! Tras un descalabro económico, volví a prosperar en muy poco tiempo. Pon en práctica lo que te enseña *Zero Frequency* y llega a lo más alto, sin importar lo que la vida te mande».

MATTHEW DAVID HURTADO,
The Minister of Allowing

«¡*Zero Frequency* es un libro inspirador y revelador! Nos enseña a crear más felicidad, éxito y paz en nuestras vidas. ¡Lo recomiendo enormemente!».

GARY QUINN,
coach y autor de *The Yes Frequency*

ZERO frequency®

2ª edición: septiembre 2020

Título original: Zero Frequency®
Traducido del inglés por Julia Fernández Treviño
Diseño de portada y de interior: CB Messer
Maquetación: Toñi F. Castellón

©   de la edición original
2020, Mabel Katz

©   fotografía de portada: depositphotos.com/elenathewise

©   de la presente edición
EDITORIAL SIRIO, S.A.
C/ Rosa de los Vientos, 64
Pol. Ind. El Viso
29006-Málaga
España

www.editorialsirio.com
sirio@editorialsirio.com

I.S.B.N.: 978-84-18000-70-6
Depósito Legal: MA-714-2020

Impreso en Imagraf Impresores, S. A.
c/ Nabucco, 14 D - Pol. Alameda
29006 - Málaga

Impreso en España

Puedes seguirnos en Facebook, Twitter, YouTube e Instagram.

MABEL **KATZ**

ZERO
frequency®

El camino más fácil
hacia la **Paz**,
la **Felicidad**
y la **Abundancia**

Editorial
SIRIO

A mi madre, Sara Naiman,
que falleció mientras yo estaba escribiendo este libro.
Ella era el viento que impulsaba mi vuelo
y siempre estará en mi corazón.
Todo lo que soy hoy
se debe a lo que he recibido de ella.
Este libro es para ti, mamá,
con mi mayor amor.

Índice

Agradecimientos

Creé y presenté mi primer entrenamiento de Zero Frequency® en 2010. Desde entonces he deseado escribir este libro. Sin embargo, debido a mi apretada agenda de viajes alrededor del mundo para impartir mis seminarios, siempre me pareció imposible poder hacerlo. Quiero agradecer especialmente a mi amiga Deborah Barnet por animarme durante todos estos años a que lo escribiera, hasta que finalmente en el verano de 2018 me dije a mí misma que tenía que encontrar la forma de escribir el libro.

Entonces contraté a Ruth Klein como *coach* de escritura, y Ruth trajo a Eliana Golden para que me ayudara a mantenerme en el camino y comprometerme con el trabajo. En realidad yo quería contratar a un escritor profesional, pero ellas no dejaban de animarme. «Sigue escribiendo, lo estás haciendo genial». Ambas comprendían la importancia del mensaje que yo estaba intentando transmitir en esta loca misión mía, entendían mi deseo de ayudar a la gente a transformar no solamente su vida personal sino también su vida profesional, ¡y hacer de este mundo un lugar mejor y más feliz!

Cuando consideré que el manuscrito estaba terminado, Anjanette Harper se ofreció a ayudarme a revisar y retocar el libro. Fue un antes y un después. Su ayuda aportó valor añadido, y «nuevas ideas» que fueron necesarias para que se convirtiera en el libro que estoy orgullosa de presentar hoy aquí. Muchas gracias a todos.

Mi profundo agradecimiento a Francesc Prims, que trabajó conmigo en el libro hace un par de años cuando pensé escribirlo en español. Finalmente decidí escribirlo en inglés, el idioma en el que mi inspiración fluye mejor. De cualquier modo, Francesc, tu colaboración, tu talento y tus ideas han sido una importante contribución para este libro, y se reflejan en él.

Muchísimas gracias a Bill Apablasa por todos tus aportes y consejos, y por tu apoyo.

Gracias al ancestral arte hawaiano de resolución de problemas, conocido como Ho'oponopono. ¡Ha transformado mi vida! Quiero agradecer también a

Morrnah Simeona por actualizar este arte para los tiempos modernos.

Mi enorme gratitud a mi maestro, el doctor Ihaleakalá Hew Len, por los doce años que pasé bajo su tutela, siendo su discípula. Su guía me preparó para el trabajo que estoy realizando en el mundo, y me condujo a la creación de Zero Frequency®.

Gracias a mis estudiantes de todo el mundo, por su compromiso y su confianza.

Gracias también a las personas que organizan mis eventos en los diferentes países y a mi equipo de trabajo, por su dedicación, sus esfuerzos, su amor, y por creer en mi mensaje y ayudarme a divulgarlo.

Y por último, pero no por ello menos importante, GRACIAS a mis maravillosos hijos, Jonathan y Lyonel, y a mi nuera Corinne, por su amor incondicional, por su apoyo y su confianza. Son la bendición de mi vida y el mejor regalo que me ha dado Dios. Gracias por animarme a seguir adelante, independientemente de las circunstancias.

Introducción

«¿Por qué me cuesta tanto alcanzar mis sueños?».

«¿Qué más debo hacer para alcanzar por fin la abundancia económica?».

«¿Por qué sigo sintiéndome infeliz?».

Normalmente sucede. En los eventos presenciales, alguno de los asistentes me hace una de esas tres preguntas, o una versión de ellas. Las he respondido millones de veces. Y cuando esto sucede, sonrío. No me molesta escuchar la misma pregunta una y otra vez. Somos una familia. Somos la familia humana, y todos estamos buscando las mismas cosas: el sentido de nuestro propósito en la vida, la materialización de nuestros deseos, suficiente dinero como para disfrutar de la vida, paz en nuestras relaciones, paz en el mundo, paz en nuestra mente y en nuestro corazón.

Es muy probable que también tú te lo hayas preguntado alguna vez. Tal vez estás leyendo esto porque has intentado encontrar tu propio camino y te sientes frustrado con los resultados que has obtenido hasta el momento. Espero que hayas encontrado este libro porque todavía sigues creyendo que es posible sentirte plenamente satisfecho y feliz. ¿Tal vez en lo más profundo de ti sabes que existe un camino más fácil para alcanzar todo lo que deseas?

Cualquiera que sea la razón que te haya hecho elegir este libro, debes saber que no estás solo. A todas esas personas encantadoras que en mis seminarios y talleres de Zero Frequency® me hacen las mismas preguntas profundas y sinceras, suelo decirles: *Sí,* hay una forma más fácil de hacerlo. De hecho, yo la he encontrado.

Algunos de ustedes probablemente me conozcan a través de mi trabajo de toda la vida con Ho'oponopono, el ancestral arte hawaiano de resolución de problemas, una práctica que ha sido para mí una filosofía de vida que me ha nutrido y sostenido tanto en las buenas como en las malas épocas. Al principio, esta antigua práctica implicaba reunir a toda la familia para que cada miembro pidiera perdón a los demás en presencia de un moderador. La sanadora hawaiana Morrnah Nalamaku Simeona actualizó Ho'oponopono con el fin de que pudiera aplicarse en los tiempos modernos. Morrnah dijo: «El propósito principal de este proceso es descubrir la Divinidad dentro de uno mismo. Ho'oponopono es un profundo regalo que nos permite tener una relación de cooperación con la Divinidad que hay dentro de nosotros, y aprender a pedir que las palabras, las obras, las acciones, o los pensamientos erróneos sean limpiados en cada momento. El proceso reside esencialmente en la libertad, en liberarse completamente del pasado».

He estudiado, practicado, y enseñado los principios de Ho'oponopono durante más de veinte años. Y continuaré haciéndolo con mi corazón lleno de gratitud. Gracias a haberme dedicado a estudiar Ho'oponopono descubrí la forma más fácil de alcanzar la paz, la felicidad y la abundancia.

En mi propia vida experimenté el poder transformador de la práctica de Ho'oponopono. En tiempos de sufrimiento o incertidumbre, este proceso me sostuvo como si fuera una niña pequeña, y me condujo hacia mi verdadero ser. Todo fue mucho más fácil en cuanto aprendí a soltar y a confiar en este camino. El dinero comenzó a fluir hacia mí. Las oportunidades empezaron a llegar a mi buzón de entrada. Disfruté de vivir mis relaciones más íntimas en armonía. Mis días estaban llenos de trabajo, y me gustaba tanto lo que hacía que no parecía un trabajo. Las preocupaciones y la ansiedad desaparecieron. El pasado ya no me atormentaba, y tampoco me involucraba en dramas ni conflictos. Los fracasos dejaron de existir. Lo que experimentaba en mi propia vida era extraordinario. Y lo que experimentaban otras personas que recorrían el mismo camino me maravillaba, y llenaba de alegría mi corazón. A lo largo del libro compartiré contigo algunas de esas historias para que puedas constatar el poder de Ho'oponopono.

Pero este libro te contará una nueva historia.

A lo largo de mi viaje personal me di cuenta de que era necesario presentar la verdad de una forma más práctica y moderna; una forma que hablara simultáneamente a la mente y al corazón. Quizás así sería posible eliminar muchas de las trampas mentales que nos impiden experimentar la verdad. Así fue como nació Zero Frequency®.

Desde que empecé a enseñar mi método he dado muchos entrenamientos y seminarios en treinta y ocho países, y ochenta y cinco ciudades. A través de estos eventos, y de otras actividades de difusión, he ayudado a millones de buscadores de todo el mundo. Cada día recibo mensajes de personas que gracias a la práctica viven en Zero Frequency® con mayor frecuencia y profundidad, y han conseguido lo que antes les parecía imposible alcanzar: la paz, la felicidad y la abundancia. Espero que Zero Frequency® te ayude también a ti, y que ya no tengas que luchar para alcanzar tus sueños. Es mi deseo que encuentres finalmente la felicidad y la paz que te mereces.

Entonces, ¿qué es Zero Frequency®? En varios continentes me han hecho esta pregunta muchas personas, tanto los jóvenes como los mayores. Dicho simplemente, Zero Frequency® es nuestra forma o condición natural, lo que realmente somos. Es la magia de vivir veinticuatro horas al día y siete días a la semana en la inspiración, libres de las cadenas de nuestra programación subconsciente, y de todas nuestras ideas, memorias y creencias preconcebidas. Cuando estamos en Cero, somos nuestro ser auténtico, somos capaces de acceder a nuestros verdaderos talentos y dones naturales. Nos sentimos felices y estamos en paz en todo momento cuando no dependemos de nadie ni nada exterior a nosotros. Soltamos, fluimos; y lo que es correcto y perfecto para nosotros llega a nuestra vida de una forma fácil y sin esfuerzo.

Quienes creen en la numerología afirman que los números tienen vibraciones. El número cero resuena con las vibraciones de la eternidad, el fluir y la plenitud. También representa las opciones. Es el alfa, el comienzo, y el omega, lo más elevado. Cero es el símbolo del infinito, y se cree que nos acerca más a Dios. Es también el símbolo de la nada, a menudo lo percibimos como algo negativo por naturaleza. ¡Pero nada más lejos de la verdad! En realidad, es en la nada donde experimentamos la ausencia de todas las memorias, pensamientos, creencias y acciones que nos han inhibido. Es en la nada donde todas las respuestas son reveladas.

Cuando estás en Cero te conectas con la sabiduría del Universo. Y aún más, eres uno con el Universo. En Cero, no tienes miedo. No piensas ni te preocupas demasiado. No temes el fracaso, el rechazo, ni ningún otro resultado específico. Cuando dejas de pensar en cómo conseguirás lo que anhelas, te mueves con más confianza en la dirección que marca el deseo de tu corazón. Tú confías y permites que la misma frecuencia te lleve a todos los lugares y te abra las puertas, esas puertas que nunca imaginaste que podrías atravesar. En Cero, te mueves a tu propio ritmo. Tú sabes que no hay límites; las respuestas y las soluciones simplemente surgen en tu mente. Sabes cosas pero no estás seguro de cómo has llegado a saberlas. En Cero, estás realmente feliz y en paz contigo mismo, con tus seres queridos, con tu comunidad y con el mundo.

Zero Frequency® te cautivará, abrirá tu corazón, y cambiará y enriquecerá tu vida espiritual y material para siempre. Te dará la clave de lo que te falta para desbloquear el estado psicológico que no te permite manifestar tus sueños y estar en paz.

Sospecho que estás aquí porque una parte muy profunda de ti mismo sabe que hay mucho más en el mundo de lo que puedes tocar con tus manos o ver con tus ojos. Esa parte de ti que busca y se cuestiona es tu ser real, el que vive más allá de las máscaras de la nacionalidad, la religión, la política, la profesión, las cuentas bancarias, y todas las demás ilusiones de la vida. Esta parte de ti es quien realmente eres, un alma que ha llegado a este mundo con un propósito y un destino específicos. Tal y como el gran místico hindú Osho afirmó en una ocasión: «Estás aquí porque tienes algo que realizar, algún mensaje que transmitir, algún trabajo que completar. No estás aquí accidentalmente, estás aquí con un propósito».

En cuanto adquieres la conciencia necesaria para comprender esta verdad, y el coraje para aceptarla, ella se convierte en la misión de descubrir cuál es tu propósito en la vida. Y esto solamente ocurrirá cuando descubras quién eres en realidad. Las dos cosas van juntas. Una no puede existir sin la otra.

Y esta búsqueda comienza y termina en Cero.

En este mismo momento acaso estés pensando: «Esto no parece nada fácil». Después de todo, ¡nunca hasta ahora ha sido una tarea sencilla descubrir quién eres! Yo espero que confíes en mí, y leas este libro hasta el final para poder experimentar Zero Frequency® personalmente. Recuerda, si tú decides conectar con Cero, y vivir en este estado, no tiene por qué ser una tarea difícil. No tienes que aprender un nuevo idioma ni sacrificar tu vida. No es necesario que comprendas cómo funcionan las cosas para que este camino sea efectivo para ti. No hace falta nada especial para practicarlo, y nunca puedes hacerlo mal. Simplemente tienes que practicarlo. La forma más fácil es sencillamente la forma más fácil.

También puedes preguntarte si Zero Frequency® es compatible con tu sistema de creencias espirituales. Cuando en este libro uso la palabra Dios me refiero a la fuente creativa universal. Algunas personas lo denominan poder superior. Otras lo llaman espíritu. Tal como dijo Julia Cameron en su libro *El camino del artista*, esta fuente creativa es como la electricidad. No tienes que creer en la electricidad para utilizarla. Cuando yo le digo a la gente que todos hablamos de lo mismo, esa es una buena noticia. Hay una verdad, pero existen diferentes formas de analizarla. Yo encontré el camino más fácil. ¿Ese camino es efectivo para todo el mundo? Sí. ¿Ese camino es para todo el mundo? No. Hay muchas personas que todavía siguen siendo adictas al sufrimiento, y a culpar o culparse, y quejarse. Algunas personas dicen que quieren cambiar, pero en realidad no es cierto. Yo pienso que tú sí quieres seguir el camino más fácil, y además creo que estás preparado para hacerlo.

Este libro le habla al corazón. A medida que lo leas puede que de pronto te encuentres deslizándote hacia el estado de Zero Frequency®. Tal vez te sientas creativo y en paz. Este libro te llevará a hacer un viaje interior y te enseñará a regresar a Cero, momento a momento. De manera que disfruta del viaje, porque puede inspirarte para aprender y practicar cómo estar en Cero, y vivir en este espacio.

Sin embargo, debes saber que este no es un viaje que va del punto A al B trazando una línea recta. No es una receta para la espiritualidad donde uno se encuentra a sí mismo sentado debajo del árbol Bodhi.[*] Cero es mucho más sutil. Es misterioso y elusivo y, como el mismo *Ahora*, lo encontrarás y lo perderás momento a momento. Cero es pura potencialidad. Es el inicio: el preciso momento en el que emerge una nueva idea, o un nuevo pensamiento surge en tu mente. Cero está antes de empezar a contar, y antes de que algo crezca. No es la cosecha, es la semilla.

Mientras lees un capítulo tras otro del libro no debes esperar que Cero se manifieste en la última página del último capítulo. Cero puede ocurrir en cualquier momento, en cualquier instante. Confía, suelta y conecta con el poder de Cero para transformar tu vida. ¿Estás preparado para renacer y conectar con todo tu potencial?

Celebro tu despertar y tu compromiso para asumir la responsabilidad de tu propio crecimiento espiritual: tu felicidad, tu paz, tu conciencia, tu libertad y tu abundancia. Estás a punto de emprender un viaje increíble hacia la conciencia. Y yo me siento feliz de acompañarte.

Comencemos.

---

[*] Según la tradición, árbol bajo el que se sentó Buda jurando no volver a levantarse hasta descubrir la Verdad. Así pasó varias jornadas y alcanzó el llamado estado de *bodhi* (despertar). De ahí su nombre.

Capítulo 1

Confía: el Universo te está esperando

Cuando sigues tu camino natural, encuentras tu manera de fluir, y atraes los recursos que necesitas para alcanzar todo tu potencial.
Anónimo

Cinco días después de que el huracán María llegara a Puerto Rico, José Andrés, el chef ganador del premio James Beard, llegó a la isla en uno de los primeros vuelos comerciales que aterrizaron después del desastre. Andrés estaba allí para alimentar a la mayor cantidad posible de personas. No tenía ningún plan, no había pensado en ninguna estrategia, y no sabía si contaría con recursos suficientes. Y sin embargo, a lo largo de las siguientes semanas José y sus colegas chefs alimentaron a 3,6 millones de personas. Él no se detuvo a pensar. No estableció ningún objetivo. Simplemente empezó a cocinar.

En un artículo publicado en *Bon Appetit*, Andrés comentó: «Creo que la mayor lección es también la más simple: cuando te encuentres frente a un desafío, simplemente ponte manos a la obra. Quizás esto no sea muy profundo; quizás no sea una lección que puede hacerte ganar el premio Nobel, pero es una lección que te enseña a convertir los problemas en oportunidades. Si intentas hacerlo todo de golpe, te quedarás paralizado, bloqueado, y concertarás una reunión para planificar otra reunión. Y esto no son más que diferentes formas de posponer la acción. Nosotros no organizamos ninguna reunión. Simplemente empezamos a cocinar. Mil comidas el primer día, y luego el número se duplicó cada jornada. ¡Antes de que nos diéramos cuenta estábamos haciendo ciento cincuenta mil comidas por día!».

¡Imagina! Millones de personas necesitadas fueron alimentadas porque un hombre no se detuvo a pensar, ni a planificar, ni a fijar objetivos. ¡Simplemente se puso a cocinar! Hazañas sorprendentes pueden realizarse cuando seguimos nuestra Inspiración, nos permitimos fluir, y pasamos a la acción. Seguimos intentando resolver los problemas, como el de las personas sin hogar, mediante el pensamiento y la planificación. ¿Y si simplemente comenzáramos *por hacer*? Lo que nos impide realizar grandes cosas, cosas imposibles, son la preocupación y la planificación.

Quienes me escuchan se asombran cuando les digo que yo no establezco objetivos. «¿Y cómo consigues hacer las cosas?», me preguntan. En nuestra acelerada sociedad orientada hacia los logros y el éxito, parece una pregunta justa. En Estados Unidos, la mayoría de las personas creen que debemos planificar nuestro futuro y luchar para alcanzar nuestros objetivos y sueños. Existe toda una industria destinada a ayudarnos a gestionar mejor nuestro tiempo para planificar y establecer objetivos, para crear tableros con representaciones visuales de nuestras metas con el fin de visualizar nuestro futuro ideal. Sé que todos se sorprenden cuando les digo que yo no fijo objetivos. Y sé también que lo que *realmente* se están preguntando es: «Si no defines objetivos, ¿cómo has llegado a tener una vida tan feliz?». Ven mi satisfacción y quieren preguntar: «¿Cómo has alcanzado esa paz?». Quienes conocen mis libros, los viajes que hago para dar conferencias, y otros trabajos, ansían comprender: «¿Cómo lo has conseguido?».

Todo esto —mi vida feliz, mi satisfacción, mi trabajo alrededor del mundo— está al alcance de cualquiera. Yo no soy especial, ni soy una elegida, ni la vida me ha sonreído más que a ningún otro ser humano del planeta, incluyéndote a ti. Tu vida depende de tus decisiones. Yo decidí asumir la responsabilidad, y dejar de encontrar culpables y quejarme. Me convertí en una persona más humilde. Me di cuenta de que no sabía tanto como yo pensaba. Dejé de prestar atención a las opiniones y juicios de los demás. Perdoné. Tomé consciencia de que no tenía que ser perfecta, y empecé a aceptarme tal como soy. Presté más atención a los deseos de mi corazón y abrí mi mente, decidí soltar y confiar. Si estás buscando la forma más fácil de alcanzar la felicidad, la paz y la abundancia, te recomiendo este camino.

Yo no me fijo objetivos. No paso un montón de tiempo planificando ni pensando estrategias para mis siguientes pasos. Yo disfruto del presente. No tengo un tablero con representaciones visuales, y no recurro a afirmaciones. Y a pesar de todo, soy más feliz que nunca. Estoy haciendo un trabajo que me encanta. Estoy cumpliendo con mi misión en esta vida. No tengo preocupaciones económicas. No me inquieta cuál será mi siguiente aventura. Mis relaciones afectivas son armoniosas y satisfactorias. Las situaciones conflictivas pasan rápido. La vida es fácil. La vida es maravillosa. Estas son afirmaciones audaces, lo sé. Aun así, son verdaderas. Y lo son porque practico el ancestral arte espiritual hawaiano de resolución de problemas Ho'oponopono, el camino más fácil. Y son verdaderas porque vivo en Zero Frequency®.

Si has leído una gran cantidad de libros de crecimiento personal, ya sabes que a veces no es fácil hacer el trabajo que se indica en ellos. Demandan mucho de nosotros y producen resultados inconsistentes. Cuando las cosas no funcionan más allá de nuestros mejores esfuerzos y nuestra planificación, nos culpamos a nosotros mismos. Pensamos que debemos estar haciendo algo mal, o que quizás no estamos preparados para recibir todo lo que deseamos. Nada de eso es verdad. El afamado autor y maestro Michael Beckwith dice que las afirmaciones fuerzan nuestra mente subconsciente a enfocarse en mentiras porque estás afirmando algo que todavía no tienes. Él también dice que las afirmaciones son «herramientas de jardín de infantes» y que para «graduarse» tenemos que ser nosotros mismos. Zero Frequency® es un enfoque completamente diferente al uso de afirmaciones. Es un enfoque amoroso, y es la forma más fácil de acceder a la verdad.

Tú tienes todo lo necesario. Tú estás preparado para recibir. ¡El Universo está esperándote! Ha llegado la hora de graduarse. ¡La hora de ser tu auténtico ser!

De acuerdo con Joe Vitale, autor de *Cero límites*, cuando luchamos por conseguir algo, sea a través de ejercicios de crecimiento personal (como son las afirmaciones), o a través de una definición práctica de objetivos, tenemos la ilusión de que controlamos la situación. Y sin embargo, obtenemos mejores resultados cuando *abandonamos* ese control y *se lo ofrecemos* al Universo. Verás, cuando fijamos objetivos y concebimos planes y estrategias, estamos actuando en base a la creencia de que somos los creadores. Pensamos y actuamos como si hacer realidad nuestros sueños dependiera únicamente de nosotros. Y aunque este es un enfoque más positivo y poderoso que lamentarnos por el estado de nuestra vida y comparar nuestras circunstancias con las de los demás, no es la forma más fácil de encontrar la verdadera paz, felicidad y abundancia. El camino más fácil es ir un paso más allá y cocrearlas con esa parte de nosotros que sabe más. ¿Y cómo lo hacemos? Dándonos cuenta de que no sabemos tanto como creemos saber. Permitiéndonos fluir y confiando en que el Universo conoce lo que es correcto y sabe cuál es la mejor forma de alcanzarlo.

Observar, soltar, permanecer en Cero y dejar que el camino se despeje.

En un seminario empresarial que impartí en Holanda alguien me preguntó sarcásticamente: «¿De modo que usted no hace previsiones, ni planes de negocios?».

Mi respuesta fue: «¿Estaría usted dispuesto a preparar un tipo diferente de planificación empresarial? ¿Un plan que fuera distinto a lo convencional, o a lo que "sabemos" que es correcto? ¿Tal vez un proyecto empresarial que proceda de la *Inspiración* en vez del conocimiento? ¿Es posible que haya otras formas? Acaso usted ni siquiera necesite un plan para conseguir el préstamo para su negocio».

Entonces conté la historia de una pareja que había conocido en Israel. Ellos habían creado un programa de entrenamiento para el crecimiento personal muy interesante basado en un juego con unas cartas especiales. Me explicaron que habían conseguido su primer préstamo para su negocio gracias a su «entusiasmo». El empleado del banco les dijo que no reunían los requisitos para recibir el préstamo, pero que de cualquier modo se lo concedería porque tenían una gran fe en su producto, y porque ambos eran muy entusiastas. Entonces, ¡quizás nuestro amor y nuestra confianza en lo que hacemos y en lo que tenemos para ofrecer, funcione incluso mejor que una planificación comercial!

Si dejas de planificar y de fijar objetivos, te liberarás. Dios tiene muchas cosas reservadas para ti, cosas que jamás podrías siquiera haber imaginado o soñado. Al principio, al soltar sentimos que nos adentramos en lo desconocido. Es incómodo. Tendrás que estar dispuesto a salir de tu zona de confort (lo conocido). No obstante, cuando practiques una y otra vez, y comiences a ver los resultados, no harás otra cosa más que permitirte fluir y confiar. Y te gustará, te gustará porque de pronto las puertas se abrirán sin ningún esfuerzo por tu parte. Todo lo que tienes que hacer es atravesarlas. Y estarás inmerso en esa corriente perfecta.

Toma decisiones ilógicas

En 1997 estaba trabajando como contadora[*] experta en impuestos en una gran empresa CPA[**] en Los Ángeles. Tenía un gran éxito profesional y ganaba un montón de dinero trabajando media jornada en una compañía dominada por hombres. ¿Qué más podía pedir?

---

[*] Contable..
[**] Contador, o Contable, Público Autorizado

En aquella época también me estaba divorciando después de veinte años de matrimonio. Tenía un trabajo seguro y un sueldo predecible. Lo lógico hubiera sido que continuara en la empresa. Sin embargo, decidí abrir mi propio estudio. Este impulso surgió de la nada, y no parecía ser una iniciativa muy sensata que pudiera considerarse seriamente.

Algunas personas me aconsejaron que no dejara mi trabajo, pero yo sabía que tenía que confiar en la guía del Universo. Lo que sucedió a continuación sorprendió a todos los pesimistas que había en mi vida. Mi estudio tuvo un éxito enorme prácticamente de la noche a la mañana. No dejaban de llegar clientes. Comenzó a llamarme gente que necesitaba mi ayuda, el teléfono no dejaba de sonar. Y todo eso sin el menor esfuerzo por mi parte. Llegaban a mi estudio por el boca a boca. Sé que puede parecer increíble, porque en aquella época yo misma estaba asombrada de lo que estaba sucediendo. Una pequeña parte de mí todavía se preguntaba si el hecho de soltar y cocrear con Dios podía funcionar *en todo momento*. ¿Fue un golpe de suerte?

Debo decir que lo que finalmente me convenció de que no era una cuestión de suerte fue una experiencia que tuve con los clientes. La mayoría de ellos estaban agobiados por sus problemas fiscales. Sus negocios estaban siendo auditados y necesitaban que yo los representara ante el Servicio de Impuestos Internos. Algunos de mis clientes estaban convencidos de que terminarían debiendo decenas de miles de dólares. Normalmente, esta es una situación altamente estresante que puede tener consecuencias nefastas. No obstante, no me dejé atrapar por la preocupación ni por las expectativas. Sencillamente solté y permanecí en Cero el mayor tiempo posible. Los resultados que obtuve al aplicar esta técnica durante esas auditorías fueron milagrosos. Incluso las más difíciles superaron todas las pruebas. O bien el auditor descubría un error en un año anterior que favorecía a mi cliente, o se daba cuenta de que había una normativa que no había sido aplicada correctamente. Y eso acababa con los problemas de mi cliente.

Como ves, ¡cuando sueltas y dejas todo en las manos de Dios suceden cosas sorprendentes! Desafortunadamente, la mayor parte del tiempo nos involucramos emocionalmente o tenemos expectativas. Nos preocupamos y nos obsesionamos con nuestros problemas. Siempre obtuve grandes resultados en las auditorías porque nunca me impliqué emocionalmente ni tuve ninguna expectativa. Por eso fui capaz de fluir al cien por ciento, y conseguir buenos resultados para mis clientes en todas las ocasiones.

En 2003, ya hacía unos años que estudiaba con el maestro espiritual hawaiano doctor Ihaleakalá Hew Len, y que practicaba Ho'oponopono. Aprovechándome de la seguridad económica que me daba mi trabajo como contadora, debuté en la radio y la televisión con programas para la comunidad latina de Los Ángeles. Por primera vez en mi vida me permití la libertad de concederme el deseo de ser escritora y locutora. Por fin había descubierto mi pasión real: compartir con los demás todas las cosas que me habían servido de ayuda en mi vida. Había disfrutado de mi trabajo como contadora autónoma, pero eso de ninguna manera era mi pasión; eso era simplemente «trabajo». Había elegido esa profesión cuando todavía era muy joven, y había basado mi decisión en lo que los demás me aconsejaron debido a mi talento innato para los números.

Lo que comenzó a nivel local empezó a difundirse con la ayuda de los programas y las clases televisadas. En 2008, a pesar de tener deudas importantes por el dinero que había invertido en los programas sin tener ahorros, decidí abandonar mi trabajo como contadora. Todo el mundo me decía que estaba loca. Pero en cuanto tomé esa decisión «ilógica», empecé a recibir invitaciones de todas partes. Comencé a viajar alrededor del mundo para dar seminarios y conferencias a través de los cuales compartí mi sencillo método para conseguir éxito personal y profesional, e independencia económica. Debo mencionar que en la época en que comencé a organizar estos seminarios y conferencias yo ni siquiera me acercaba a los ingresos anuales de seis dígitos que había conseguido cuando trabajaba como contadora. ¡Mi mente, siempre práctica, nunca hubiera podido tomar esa decisión! Y años después de tomar la «ilógica» decisión de abrir mi propio estudio, otra vez me sentí compelida a soltar, ¡a pesar de que en términos económicos eso parecía una auténtica locura! Entonces cerré el estudio y me dediqué con todo mi ser a la que era mi verdadera pasión. Y confié nuevamente en mi corazón, solté, y dejé que Dios dirigiera mi camino.

Tuve otra oportunidad de empezar de nuevo, empezar de Cero, ¡uno de los mejores regalos que el Universo podría haberme hecho! Quiero que sepas que nunca hice ningún taller para aprender a hablar en público o escribir libros. Hasta el día de hoy, personas de todo el mundo me dicen constantemente que mis libros les han cambiado la vida. Han sido traducidos a casi veinte idiomas. Desde que abandoné mi carrera como contadora en 2008, nunca dejaron de llegar correos electrónicos de todo el mundo con invitaciones y solicitudes de autorización para editar mis libros. Debido a mi agenda de seminarios viajé a todos los continentes. ¿Necesito decir algo más? Y todo esto sucedió gracias a las decisiones «ilógicas» que tomé en mi vida.

Tienes que creer en ti mismo. La gente que cree que tus sueños son una tontería, o que tus decisiones son una locura, simplemente le están poniendo voz a tus propias dudas internas. Te muestran tus propios miedos. Cuando ellos te preguntan: «¿Estás seguro?», en realidad ese eres tú cuestionando tu propia certeza. Si quieres curarte de esto, evita relacionarte con quienes dudan de ti. Limítate a centrarte en el presente, permítete fluir, y confía. Está muy bien que no tengas todas las respuestas. Está muy bien que no sepas de qué manera vas a realizar tus sueños. Déjaselo al Universo. Sé consciente de que quizás todavía no sepas cómo hacerlo. No hay problema. Este libro te enseñará.

Yo soy argentina y judía. Me considero una intelectual que ha tenido una buena educación. Tengo dos diplomas en Argentina, uno de Contabilidad y otro de

Administración de Empresas. Mi signo solar astrológico es virgo, y eso me hace estar conectada a tierra, y tener la capacidad de ver y prever todas las cosas negativas. Mi historia es un buen ejemplo de cómo alguien puede cambiar, ser menos arrogante y más humilde. ¡Si yo he aprendido a decir «no lo sé», eso significa que cualquiera puede hacerlo!

¿Qué es lo que se siente al estar en Zero Frequency®?

Cuando trabajaba como contadora, me despertaba por la mañana y pensaba *¡Oh, cielos, tengo tantas cosas que hacer! ¿Cómo voy a conseguir hacerlo todo?* Siempre estaba estresada, siempre me esforzaba por conseguir más cosas, siempre me preocupaban los resultados.

Una mañana tenía que acudir a la oficina de un cliente, pero ese día tenía un montón de trabajo acumulado y necesitaba cambiar la cita. El problema era que no podía hacerlo porque ya lo había hecho una vez. Decidí no preocuparme. Entonces lo dejé estar, y al cabo de unos minutos sonó el teléfono. ¡Era mi cliente que me llamaba para cancelar su cita y pedirme una nueva!

En Zero Frequency®, las cosas se resuelven por sí mismas y el estrés dura apenas unos instantes. En cuanto comencé a vivir en Cero, mis días fueron más fáciles. Esto es lo que sucede cuando te relajas y te dejas ir. El Universo asume el mando y se encarga de organizarlo todo para ti. De repente, en vez de sentirte agobiado, te sientes en calma. Todo cae por su propio peso. De hecho, todo se organiza mejor que cuando te empeñas en conseguir que tus sueños se hagan realidad. Se abren puertas que ni siquiera sabías que existían. Así es como fui capaz de transformar mi vida. Así es como fueron alimentados millones de portorriqueños que estaban al borde de la desesperación. Así es como se cumplirán tus sueños.

En nuestro mundo actual, frenético y complicado, es fácil estar siempre en movimiento, tener prisa, e ir constantemente a alguna parte. Tenemos sistemas de GPS en nuestro auto, mapas en nuestros teléfonos, y listas de obligaciones en nuestros bolsillos. Y cuando tachamos todas las cosas que ya hemos realizado o conseguido, nos convencemos de que somos productivos, e incluso nos elogiamos por nuestra capacidad para hacer varias cosas al mismo tiempo. Y, por supuesto, necesitamos que todo esté continuamente en marcha para mantener a nuestras familias, pagar la hipoteca y conseguir que nuestro jefe esté satisfecho. Pero lo que no podemos hacer es estar siempre buscando las luces verdes en nuestra vida. También tenemos que buscar las luces amarillas y rojas que nos permiten hacer pausas y Ser. No podemos tener miedo de la paz y el silencio que favorecen la conexión con nosotros mismos.

Osho hablaba a menudo de que en nuestro viaje a través de la vida solamente vemos flechas: sitios a dónde dirigirnos y direcciones qué tomar. La mayoría de nosotros nunca repara en otro símbolo que aparece a lo largo del camino: la marca del cero. Mientras estaba dando un paseo por el bosque, él encontró una piedra que tenía esa marca, y entonces se dio cuenta de que eso significaba que había llegado a su destino. Desafortunadamente, nuestras mentes no nos permiten verlo. La mente únicamente ve flechas.

Nos corresponde a cada uno de nosotros encontrar las marcas del cero en nuestra vida; darnos cuenta de que necesitamos parar y hacer una pausa. Estos símbolos están por todas partes, no solamente en las piedras del camino, hay también lunas, círculos, luces amarillas y luces rojas. Podría ser una puesta de sol. Hay Ceros por todas partes. Hay una razón por la cual la palabra «ahora» tiene una «o» en el medio. Es el símbolo del cerebro, la nada y el conocimiento. Y es solamente en el ahora, en el momento presente, cuando advertimos que no hay otro sitio en el que tengamos que estar que no sea precisamente el sitio donde nos encontramos.

En su libro *The Beginning of the Beginning* [El inicio del inicio] Osho escribe que la parte importante de la casa es la puerta, porque allí hay un espacio vacío que te permite entrar y salir de ella. También utiliza el ejemplo de la jarra de agua: «Llenas un recipiente con agua, ¿y qué es lo que llena el agua? Obviamente, es el espacio vacío del recipiente. De manera que el recipiente en realidad contiene el espacio vacío, mientras que sus paredes se limitan a rodear el espacio vacío que hay dentro de él. Así que el espacio vacío es la parte importante del cuenco». Lo que es invisible, el espacio vacío, es lo que nos permite dirigir nuestra conciencia y divinidad hacia la vida, para vivir más en Zero Frequency®. Es lo que hace que todas las cosas sean posibles. Eso es lo que se siente al estar en Cero.

Cuando estás en Cero, te levantas por la mañana y aunque sabes que tendrás que lidiar con algunos problemas a lo largo del día, no te preocupas porque tú estás por encima de todos tus problemas. Percibes las situaciones de un modo diferente, como si fueras un observador; no estás apegado emocionalmente a ningún resultado. Te involucras menos y eliges cuáles son tus batallas. Cuando estás en Zero Frequency®, te sientes feliz sin tener motivos para ello, y estás en paz independientemente de lo que ocurra. Ves las cosas con los ojos de Dios y no a través de los filtros de tus experiencias pasadas y tus limitaciones.

Cuando estás en Cero tomas decisiones de forma consciente, y no por reacción. Estás más presente y prestas más atención. Tal como afirma Michael Singer, eres consciente de que eres consciente. Ahora sabes que hay algo más para ti, un plan mayor; y que no estás aquí por casualidad. Sabes que todo es parte del plan y que todo es perfecto.

Yo sé que esto es cierto porque así es mi vida. Y también es la vida de decenas de miles de personas que practican la conexión con Zero Frequency®. A medida que empieces a conectarte con Cero, deberás ser paciente contigo mismo. Aunque es la forma más fácil, tal vez necesites algún tiempo para experimentarlo plenamente. Es como volver al gimnasio y trabajar músculos a los que no les has prestado atención durante años. Cuanto más practicas, más fácil es. Con un poco de tiempo, estar en Cero se convierte en algo natural, como respirar. Y pronto será automático.

Cuando tocas un diapasón puedes escuchar el sonido de la vibración. ¿Sabías que si hay otro diapasón con la misma frecuencia cerca de ti, vibrará y sonará sin que nadie lo toque? Pero si hay otros diapasones alrededor con una frecuencia superior, esos no se verán afectados. Esta es una información muy importante. Atraemos y somos afectados por cosas que tienen nuestra misma frecuencia. Si no nos gusta lo que estamos atrayendo, debemos elevar nuestra frecuencia. Y esto es exactamente lo que hacemos cuando nos conectamos con Cero. A medida que tú cambias, todo cambia.

Volver a Cero es una opción que tienes momento a momento. Mientras lees este libro aprenderás muchas formas de conectar con él. Solo tienes que leer el apartado Conectar con Zero Frequency® que se incluye al final de la mayoría de los capítulos. Al principio tal vez pienses *esto no está funcionando*. Sin embargo, ¡sigue adelante! ¡Sigue practicando! Cuanto más sueltes y confíes, más recompensas recibirás.

Tu único trabajo es ser feliz

Cuando todavía estaba buscando mi camino, recuerdo haberle dicho a mis hijos, que en aquella época eran muy pequeños, que su único trabajo en la vida era ser felices. Entonces yo no comprendía cabalmente lo que les estaba diciendo, pero ahora sí que lo entiendo. Cuando te sientes feliz, te dejas llevar por el fluir de las cosas. Ese fluir perfecto que te lleva al lugar indicado, en el momento perfecto, todo el tiempo, con las personas adecuadas trabajando junto a ti. De pronto eres «afortunado». Las cosas empiezan a funcionar para ti, y encuentras el tiempo, la energía y la disposición para hacer todo lo que sea necesario. Cuando te sientes feliz estás en Cero. Dejas de ser un obstáculo en tu propia vida, porque dejas de pensar y de reaccionar emocionalmente. Estás siempre presente, libre, abierto y consciente.

Zero Frequency® es una experiencia. Cuando estás en Cero, surge la Inspiración (Dios) y te ofrece ideas y soluciones perfectas. En cuanto empiezas a confiar en esta Verdad Universal puedes relajarte a sabiendas de que no estás solo. Tienes el apoyo de todo el Universo. Ahora sabes que puedes elegir estar en Cero. Por fin eres libre para experimentar y disfrutar el misterio y la magia de la vida.

Cuando dejas que el Universo te muestre el camino, descubres quién eres en realidad, conoces tu propósito y tu misión, y te sientes genial contigo mismo. Te das cuenta de que la vida es mucho más importante de lo que crees. Levantarse de la cama e ir a trabajar, ver la televisión e irse a dormir, eso no es vivir. La vida es una oportunidad emocionante, y todos somos personas muy importantes. Sencillamente todavía no lo sabemos, y por eso jugamos a ser pequeños. Jugamos a estar deprimidos, jugamos a no ser lo suficientemente buenos.

Ahora, en este mismo segundo, dile al Universo: «Muy bien. Estoy preparado. Muéstrame el camino».

El camino para llegar a Cero

Zero Frequency® no es un destino. Es un enfoque para la vida, y lo entenderás mejor con el paso del tiempo. En este libro he organizado seis principios principales de Zero Frequency®; si los practicas de manera constante, te ayudarán a volver a Cero y experimentar la abundancia y la libertad que son tuyas por derecho de nacimiento. Este libro está diseñado para ser una guía de campo para Zero Frequency®, una herramienta a la que volverás una y otra vez a medida que evoluciones en esta disciplina. De manera que por favor no esperes «volver a Cero» al final del libro. Repito una vez más que aquí no se trata de los objetivos ni de un destino específico; se trata de una forma de vida —*el camino más fácil*— ¡y requiere práctica!

Los dos siguientes capítulos se han concebido para que despiertes y puedas conocer la verdad sobre ti mismo, y sobre la ciencia de la mente. En los capítulos cuatro a diez, encontrarás diferentes prácticas para tener más paz en tu vida, para vivir en Zero Frequency®. Como sabes, la práctica es la madre de la perfección. Selecciona las que te resuenen más, y practica, practica, practica.

- *Capítulo cuatro: Practica la responsabilidad.* Tú tienes el poder de cambiar cualquier cosa en tu vida, incluyendo cualquier cosa de *ti mismo*. Para hacerlo debes asumir el cien por ciento de la responsabilidad de *todo* lo que sucede en tu vida.
- *Capítulo cinco: Practica la inocencia.* Para liberarte de las limitaciones que crees que tienes porque has sido condicionado para que así lo pienses, debes empezar a pensar otra vez como un niño ¡y abrirte a la magia y la alegría de la vida!
- *Capítulo seis: Practica hacer actos de fe.* Tener el coraje de asumir riesgos y dejar que la Divinidad nos guíe es el acto fundamental de autoconfianza, y uno de los ingredientes más importantes para alcanzar el éxito.

- *Capítulo siete: Practica la gratitud.* Cuando practicas la gratitud, más allá de cuáles sean tus circunstancias, elevas tu vibración a Zero Frequency® y te conectas con Cero, el campo de todas las posibilidades.
- *Capítulo ocho: Practica soltar.* La naturaleza actúa sin esfuerzo; está siempre en el fluir y en la abundancia. Nosotros también podemos experimentar este estado si abandonamos el control y dejamos que el Universo nos guíe.
- *Capítulo nueve: Practica la paz.* Cuando nuestra mente está en paz, nuestra vida también está en paz. Y cuando tenemos paz en nuestra vida, hay más paz en la vida de quienes están a nuestro alrededor. Así es como cocreamos un mundo de paz.
- *Capítulo diez: Practica la abundancia.* La capacidad de ser feliz y de estar en paz sin necesitar ninguna razón es vivir en la verdadera abundancia. Este estado abre puertas, trae oportunidades, y garantiza que siempre tengas todo lo que necesitas en el momento en que lo necesites.

Te ruego que recuerdes que el objetivo es volver a Cero. Concéntrate en el proceso y no en el resultado.

Es el camino más fácil de acceso a la felicidad y la abundancia. Si liberas tu mente y recuerdas quién eres en verdad, no hay ninguna necesidad de fijar objetivos, planificar, ni especular sobre cómo despejar los «obstáculos» que se presentan en tu camino. Es importante que empieces a rodearlos. Todo está dentro de ti, y todo es posible *para* ti.

Mientras pasas la página quiero agradecerte por mantener tu mente abierta. Aprecio que estés aquí.

Capítulo 2

Zero Frequency®: el viaje de vuelta a ti mismo

*Nuestra lección es aprender a ser. La libertad de ser
te libera de la opresión del hacer. En ello reside la semilla
de la sabiduría que tiene la capacidad de llevarte más
allá de todos los conocimientos de este mundo.*

Eric Pearl

Piensa en una época en la que simplemente te permitías ser tú mismo, confiabas en ti, y sentías la bondad del Universo. Intenta recordar una ocasión en la que obedeciste a tu corazón y tomaste decisiones basadas en tu forma natural de saber, convencido de que tus opciones eran adecuadas incluso cuando no eras capaz de explicar por qué. Cuando te sentías así, estabas viviendo en el estado de Zero Frequency®. Y eras real y auténticamente tú mismo.

¿Qué es lo que te ha traído hasta este libro? ¿Acaso la sensación de que hay mucho más en la vida? ¿O una sensación de que tienes mucho más que experimentar, ofrecer, amar? ¿Un deseo de adentrarte en la vida que sabes que está esperándote si eres capaz de encontrar el camino? ¿Lo ves? Tú ya sabes que no estás siendo tú mismo. Y aunque quizá no tengas palabras para describir esta sensación, tú anhelas volver a Cero, volver a tu propio ser.

Tal vez *pienses* que estás siendo tú mismo, pero la mayoría del tiempo no es así. Esto es verdad para todos nosotros. Todos hemos sido condicionados para preocuparnos por las opiniones de los demás, para buscar constantemente su aprobación, para cambiar como camaleones en base a lo que creemos que los demás esperan de nosotros. Y tan grande es nuestro miedo al rechazo que, con el fin de ser aceptados, la mayoría de nosotros estamos dispuestos a convertirnos en lo que creemos que los otros necesitan que seamos, en vez de confiar en nuestro propio ser, en nuestro ser real, y en lo que le parece correcto a nuestro corazón. Ni siquiera cuando estamos solos nos sentimos cómodos siendo nosotros mismos. Nuestros recuerdos nos llevan constantemente al pasado, a esas épocas en las que los otros nos hicieron sentir que no valíamos lo suficiente, épocas en las que nos sentimos rechazados porque no actuábamos, hablábamos ni nos comportábamos como los demás querían.

Pero tú no eres esas memorias. Cada vez que dejas que ellas te controlen, estás dejando que tu mente subconsciente tome las decisiones en tu nombre. Estas memorias se apropian de tus pensamientos y sentimientos. Gobiernan tu vida. Tú crees que tienes el control, pero no es así.

E incluso cuando el mundo exterior te aprueba, incluso cuando a los demás les gusta cómo eres, esa sensación de satisfacción es solamente temporal, porque esos antiguos programas y memorias desgastados y destructivos se están reproduciendo en el fondo de tu mente. Cuando la emoción fugaz de satisfacción se disipa, tú te quedas con una sensación de vacío. Este vacío se debe a que traicionamos a nuestro verdadero ser. ¿Es esta la forma en que quieres vivir? ¿De verdad?

Lo más importante es lo que tú piensas de ti mismo. Debes amarte y aceptarte tal como eres, en todo momento. Cuando tú estás bien, los demás también se sienten a gusto contigo. Cuando tú te valoras y te quieres, los demás también te quieren y te valoran. Esa es la forma en que todos llegamos a este mundo,

y esa es la forma en que todos deseamos vivir, sincera-
mente, escuchando nuestro corazón.

Probablemente habrá habido épocas en tu vida
en las que no te preocupaban en absoluto las opiniones ajenas. Estabas tan seguro de ti mismo y confiabas tanto en tu propia capacidad, te sentías tan fuerte
y tan a gusto en tu corazón, que no te preocupaba lo
que pudiera decir o pensar ninguna otra persona. Entonces, y solo entonces, descubriste la verdad de tu
corazón: que eres invencible y que todo es posible.
Cuando eres tú mismo, sabes que el límite es el cielo.
Te adhieres a una poderosa ley universal. Conoces la
verdad última, más allá de la sombra de la duda: todos
somos seres ilimitados.

Cuando eres realmente tú mismo, te sientes feliz sin tener ningún motivo. Te sientes a gusto en tu
propia piel. No dependes de ser aprobado o aceptado. Te sientes bien siendo diferente. No te preocupa
quedar como un estúpido delante de los demás. Te
sientes satisfecho y en paz, independientemente de
lo que pase a tu alrededor. Cuando estás en Cero, tú
eres *tú*, y te sientes feliz en lo más profundo de tu corazón. *Sabes* que puedes conquistar el mundo. Comprendes que nadie puede detenerte. Y, una vez más,
estás convencido de que cualquier cosa es posible. Lo

que piensan los demás deja de ser importante. Es el estado del ser lleno de dicha, pura y simplemente.

Esto es Zero Frequency®, y esto puedes ser tú.

¿Qué te impide estar en Cero?

En su libro *La liberación del alma: el viaje más allá de ti mismo*, Michael Singer explica la diferencia entre el ser, y lo que él llama «el ser personal». El afirma: «Tu ser es el fluir de la conciencia pura que simplemente sigue fluyendo. Tu ser personal es la identidad que tú te creas, y que está basada en la forma en que tu voz interior percibe ese fluir de la conciencia y los patrones de pensamiento que emergen de él».

En otras palabras, tú no eres tus pensamientos. Tampoco eres tus sentimientos, ni tus memorias, ni tus creencias restrictivas. Tus pensamientos, tus sentimientos, tus memorias y tus creencias simplemente se reproducen una y otra vez, y tú los oyes. Pero cuando tú les prestas atención, cuando actúas basándote en ellos como si estuvieran diciendo la verdad, como si ese fueras tú, instantáneamente abandonas Zero Frequency®. Los viejos programas y memorias que se reproducen en tu mente te desequilibran, y te mantienen en ese estado. Es importante que seas consciente de esto, porque eres la única persona que puede detenerlos, solo tú puedes hacerte volver a Cero.

Singer continúa diciendo: «En cuanto te das cuenta de que existe una diferencia (entre el ser y el ser personal) te ves a ti mismo bajo una luz completamente diferente. El camino de soltar te permite liberar tus energías para poder liberarte a ti mismo».

De modo que, ¿cuáles son algunos de los pensamientos que te impiden ser tú mismo? Yo deseo calmar tu mente. En verdad, nos han creado perfectos, a *todos*. Nos han creado como seres únicos. Las «imperfecciones» son juicios, opiniones, creencias erróneas que hemos acumulado, y memorias y programas, algunos de ellos muy antiguos, entre los cuales hay también algunos que hemos «heredado» de nuestros antepasados.

Debes dejar ir todo aquello que no seas tú. Debes borrar las memorias de tu mente subconsciente que están controlando tu vida, y permitir que te guíe una parte más inteligente de ti mismo, tu mente superconsciente. Ser quien realmente eres significa soltar y dejar que Dios borre todos tus programas, todas tus ideas preconcebidas y tus memorias dolorosas. Allí fuera no hay nada; todo está dentro de ti. Por esta razón siempre les digo: «¡He encontrado el camino más fácil! Suelta y permite que Dios borre todo eso. No tienes que sacar nada a relucir, no tienes que pensar en nada, ni comprender cuáles son las memorias que están causando tus problemas. Este proceso no requiere recordar experiencias dolorosas o que han desencadenado cambios. Es tan simple como soltar y dejar que Dios, la Divinidad, o el Universo, cualquiera que sea el nombre que quieras darle a esta Fuerza Divina, elimine lo que ya no te sirve».

Cuando borras las memorias y programas que han moldeado tu mundo, también contribuyes a que otras personas se liberen de ellos. Déjame darte un ejemplo que a veces utilizo en los seminarios presenciales para demostrar lo que estoy afirmando. Escribo un problema en la pizarra y luego pregunto a los participantes: «¿Pueden ver el problema?».

Todo el mundo dice: «Sí».

Entonces borro el problema y les pregunto: «¿Y ahora pueden verlo?».

Ellos responden: «No».

Entonces escribo otro problema, pero esta vez invito a alguien de la audiencia a que suba al estrado y lo borre. Hacemos esto un par de veces con diferentes personas. Y luego vuelvo a preguntar: «¿Qué les dice esto? ¿Tienen alguna idea?».

Bien, independientemente de quién borre el problema de la pizarra, el problema desaparecerá para todo el mundo. Igual que en este ejemplo metafórico, las memorias que son eliminadas dentro de ti también son eliminadas de tu familia, tus parientes y sus antepasados. Y al hacerlo, incluso borras el problema para futuras generaciones, porque todos tenemos memorias comunes; esta es la razón por la cual aparecemos los unos en las vidas de los otros.

Prácticamente todo lo que has decidido creer sobre ti mismo es falso, y no te define en absoluto. No obstante, «borrar» no significa olvidar. No, de ninguna manera caemos en un estado de amnesia en el cual no recordamos nada. Lo que dejamos ir, lo que se borra, son el dolor y los juicios asociados a esas memorias, y creados por ellas. Podemos recordarlos y observarlos, pero nos hemos liberado de los efectos negativos que tienen en nuestra vida, y frente a los cuales ya no sentimos la necesidad de reaccionar.

Tú no eres tu problema, tus opiniones, ni tus juicios. Tú estás por encima de todo eso. Tú eres un ser universal viviendo una experiencia terrenal. El Universo está dentro de ti; es *la parte de ti que mejor conoces*, ¡Es quien realmente eres! Reconocerlo y vivir en consecuencia es muy importante para transitar el camino hacia la felicidad, la paz, la abundancia y el éxito.

Al principio, estar en Cero —permanecer consciente— puede durar apenas unos instantes. Se requiere disciplina y práctica para que esto suceda. Tú estás aprendiendo a reeducar tu mente. Y tal como dice una sentencia Zen, la mente es tan inquieta como un mono. En el presente, en Cero, tú tienes todo lo que necesitas al alcance de tu mano. Eres uno con el cosmos, y puedes observar en vez de actuar.

Debes saber que en cuanto te preguntas a ti mismo: «¿Estoy en Cero?», ya no estás allí. En Zero Frequency® no hay pensamientos, ni cuestionamientos, y no hay ego.

En los días nublados nos olvidamos de que el sol sigue brillando por encima de las nubes. Buscamos los claros, esos momentos en los que las nubes se apartan un poco y nos dejan ver el cielo azul. Nuestras memorias y programas son como esas nubes, inventan historias, nos fastidian, se plantan justo delante de nuestra cara, haciendo que nos lamentemos por el pasado o nos preocupemos por el futuro. Cuando eres tú mismo, cuando estás de nuevo en Cero, vives en el presente otra vez. Has creado un espacio en medio de las nubes, y has permitido que los rayos del sol vuelvan a brillar.

Tu único trabajo es convertirte otra vez en tu verdadero ser; debes recordar la forma de simplemente *ser*. Debes deshacerte del conocimiento y de las creencias que hay en tu mente, desaprender todo lo que te has enseñado a ti mismo para poder reconectar con tu propia sabiduría, tu verdadero ser, la sabiduría de tu corazón.

Cuando simplemente eres, estás en tu ritmo único y natural, y eso sucede cuando te conectas con el ritmo de la Divinidad. Eres uno con el Universo. Estás en ese fluir que te lleva al lugar correcto en el momento oportuno, con las personas adecuadas, y sin esfuerzo. Estás en Zero Frequency®.

Cuando todo está bien y es perfecto

Ahora es el momento de tomar conciencia de que ser tú mismo es la clave para todo lo que es correcto y perfecto para ti. Tú no sabes y no puedes saber qué es esto. El camino para descubrirlo es volver a Cero y permitirle *a esa parte de ti que sabe* que te lo enseñe. Esto no significa que tu vida estará exenta de problemas. Muchos creen que la definición correcta de felicidad es una vida sin problemas. Sin embargo, eso no es verdad. La vida tiene y siempre tendrá problemas, porque sin desafíos no tendríamos oportunidades para cambiar y crecer. ¡La vida sería muy aburrida sin problemas! Estamos aquí para aprender de nuestras experiencias, para descubrir las bendiciones detrás de cada reto, y para volver a descubrir nuestra verdadera identidad.

La única forma que tenemos de hacerlo es soltar y dejar que Dios guíe nuestra vida. Debemos dar permiso a esa parte que hay en nuestro interior, esa parte que nos creó y que sabe mejor que nadie lo que es correcto para nosotros. El Universo está simplemente esperándonos. De manera que despierta, abre la puerta y déjate fluir, así podrás volver a sintonizarte con Zero Frequency® y volver a ser tu verdadero ser.

Mi propia vida cambió drásticamente en cuanto comencé el viaje de vuelta hacia mí misma. Me sentí libre por primera vez en mi vida, aceptando la verdad de que soy cien por ciento responsable de todo lo que sucede en mi propia experiencia. Antes de eso, como la mayoría de nosotros, estaba desesperanzada en mitad del océano creando mi propia realidad confusa y desordenada, y ni siquiera me daba cuenta de ello.

Igual que tú, intenté convencerme de que mantenía el control mientras lo que sucedía era en realidad exactamente lo contrario.

Cuando conocí a mi maestro, desperté y comencé el viaje de vuelta hacia mí misma, descubrí que mi felicidad y mi libertad no dependían de nadie ni de nada exterior a mí. Entonces comencé a sentirme más ligera, más feliz y más satisfecha de lo que nunca había creído posible. Me di cuenta de que no necesitaba ser perfecta. Eso fue muy importante para mí, porque siempre he intentado ser la madre perfecta o la esposa perfecta, o, incluso peor, ¡la contadora perfecta! ¡Hablamos de cosas imposibles!

Ninguno de nosotros es perfecto, no en el sentido en que entendemos esa idea. Todos somos absolutamente únicos. Cada uno de nosotros ha nacido con sus propios dones y talentos, y con un propósito que ninguna otra persona en la tierra ha venido a cumplir. Ninguna otra persona en este planeta puede hacer lo que tú puedes hacer, precisamente de la forma que tú lo haces. Debes saber que hay una parte dentro de ti que es perfecta, y que lo sabe todo. Tú eres un hijo especial de Dios.

Cuando me di cuenta de que no había problema alguno en ser como yo era, que no necesitaba ser perfecta ante los ojos del mundo, me reuní con los socios de la empresa de contabilidad en la que trabajaba para comunicarles que había decidido no seguir ocupándome de la investigación fiscal. Se quedaron muy sorprendidos y me preguntaron el motivo de mi decisión, y manifestaron que siempre había hecho un trabajo inmejorable.

Les expliqué que yo podía seguir haciendo ese trabajo, pero que no era uno de mis talentos especiales. Y añadí que seguramente había otras personas en la oficina, con un don natural para ese trabajo, y que probablemente serían mucho más rápidas y diligentes que yo. También resalté que la empresa ganaría más dinero contratándolas a ellas en mi lugar. Yo era más efectiva para los impuestos y la contabilidad, y para cumplir con los plazos de entrega. También podía resolver problemas y conseguir más cosas en menos tiempo que los demás. No obstante, había otros que eran mucho más competentes que yo en el tema de la investigación fiscal.

Cada uno de nosotros tenemos talentos únicos y dones naturales en determinadas áreas en las que podemos destacar sobre los demás. Es bueno reconocerlo. Cuando volví a ser yo misma, mis dones únicos se tornaron cristalinos para mí.

En un seminario al que asistí muchos años atrás me formularon la siguiente pregunta: «¿Qué trabajo elegiría usted ahora aunque no cobrara por él, por el mero hecho de que ese trabajo le gustara y le diera una gran satisfacción?». En aquella época yo trabajaba como contadora, y me ocupaba de los impuestos fiscales. Pero realmente no era feliz. No estaba viviendo mi pasión. Respondí del siguiente modo: «Viajaría a través del mundo compartiendo con otras personas todo aquello que me ha servido de ayuda en la vida».

Definitivamente, hay una parte de nosotros que sabe. Como ya he comentado, algunos años más tarde dejé mi trabajo para dedicarme exactamente a eso. Por fin había confiado en el propósito de mi vida, y lo estaba llevando a cabo. Había asistido a muchos seminarios de autoayuda para mi propio crecimiento personal. Nunca asistí a ningún taller pensando en que quería enseñar; nunca se me pasó por la cabeza la posibilidad de cambiar de profesión. Sencillamente empecé a promocionar y organizar talleres para los maestros cuyas enseñanzas habían marcado una profunda diferencia en mi vida.

Entonces cierto día tropecé con mi pasión, el camino correcto y perfecto para mí. Mi maestro me dijo que había decidido retirarse. En aquella época yo trabajaba como su asistente, e incluso enseñaba «oficialmente» a su lado. Volvíamos de un seminario, y él me dijo: «Por favor, retira mis fotos de los folletos; ya no voy a seguir enseñando».

Y en ese momento se me ocurrió por primera vez: «Tal vez yo pueda hacerlo».

Hasta aquel momento, enseñar había sido solamente una afición, una parte de mis actividades de fin de semana. Le pedí a mi maestro que meditara sobre lo que me había dicho, y que preguntara internamente si la enseñanza era el camino correcto para mí. Él lo hizo, y la respuesta fue afirmativa. Luego añadió: «Solo necesitas ser tú misma. No necesitas estudiar ni tener un diploma».

En esta nueva ocupación pronto aprendí cuán acertadas habían sido las palabras de mi maestro. Cuando me preocupaba por cómo habría de preparar las conferencias, él me decía que confiara en mí misma y hablara desde el corazón. Me explicó que perdería espontaneidad si planificaba con anticipación lo que habría de decir. En cuanto me permití fluir, y permití que también fluyeran las palabras, con el conocimiento de que en ese momento estaba siendo mi ser puro, vinieron a mí las correctas y perfectas *para ese momento* y *para ese público*.

Empieza por recordar que no necesitas hacer otra cosa más que ser tú mismo. No debes lealtad a nada ni nadie que limite la expresión de tu alma. No dependes de la aceptación de los demás. Relájate. En cuanto te encuentres en Zero Frequency® comprobarás que te sientes como en casa. Las recompensas se multiplicarán y los milagros simplemente sucederán, y todo llegará a ti sin esfuerzo. ¡Despliega tus alas y vuela!

Escucha tu corazón... allí está la sabiduría

Cuando perdemos nuestra magia, caemos en el error de dar prioridad al intelecto por encima del corazón. La mayoría de nosotros hemos sido condicionados para hacerlo de ese modo. Tenemos lo que Henry David Thoreau denominó «vidas de tranquila desesperación», llenas de una sensación de vacío. Zero Frequency® es el espacio desde donde puedes retornar al estado mágico de la conciencia perfecta, eludiendo el intelecto, y permitiendo que la Inspiración vuelva a fluir hacia tu corazón.

No importa cuántos diplomas tengas, ni cuán listo seas, con tu intelecto nunca alcanzarás ese lugar de pura conciencia. Zero Frequency® es una experiencia que no puede describirse ni explicarse en términos lógicos. El intelecto luchará por comprender los conceptos simples que expongo en este libro, pero para conseguir lo que quieres debes dejar a un lado tu mente consciente y dejar que tu corazón te guíe. Zero Frequency® puede hablarle al intelecto, pero lo hace desde el corazón, así te enseña a liberar tu alma y volver a la fuente de toda alegría.

Zero Frequency® te conduce en la dirección que te permite escuchar tu voz interior y tu inspiración para resolver problemas, en vez de programarte o utilizar esas memorias que fueron las que crearon todos tus problemas en primer lugar. Si aprendes cómo acceder conscientemente a tu sabiduría innata, serás capaz de volver a Zero Frequency® cada vez que tu mente intente apartarte del momento presente.

El secreto está dentro de ti. Todo lo que debes hacer es aprender a soltar y reconectar con tu esencia. Tu verdadera identidad es la clave de tu libertad. Esta libertad requiere que seas cada vez más consciente y que estés cada vez más presente, porque cuando tú tomas conciencia se produce la magia. En Zero Frequency® descubrirás que tienes todo lo que necesitas, que lo has tenido todo el tiempo, que no hay nada correcto o incorrecto, y que tú eres, y siempre has sido, puro de corazón. Verás al mundo como lo ve Dios, aceptando que en este momento todo es perfecto. Experimentarás la paz más allá de la comprensión.

Tú no puedes servir a dos amos. La disyuntiva es vivir guiado por la Inspiración de Zero Frequency® (el paraíso), o de acuerdo con tus programas (el infierno). La decisión está en tus manos.

Comienza el viaje...

En nuestro estado de inconsciencia, estamos a millones de kilómetros de nuestro verdadero ser, incapaces de ver que todo lo que necesitamos está precisamente frente a nosotros. Nunca estamos presentes de verdad, porque creemos en la voz de nuestra mente que nos dice que ella sabe más, y de esta forma nuestra conciencia se oscurece y no nos permite ver otras opciones y posibilidades. Las experiencias intelectuales rígidas nos hacen mirar hacia lugares erróneos y hacernos las preguntas equivocadas. Nos han enseñado que confiar en nuestro corazón es una forma de debilidad, de manera que no prestamos atención a la única voz que deberíamos escuchar, la voz de nuestra inspiración.

Cuando estás en Cero, tu intelecto, tus emociones y tus memorias ya no pueden dominarte. Te has liberado. Te has convertido en un canal abierto, y puedes recibir las ideas adecuadas y las soluciones perfectas. En este lugar empiezas a oír cosas que nunca antes habías oído. Te conviertes en un observador, percibes cosas que nunca antes había visto.

Tú eres el único que puede iniciar el viaje de vuelta hacia ti mismo, deshaciéndote de tus memorias y programas tóxicos y destructivos. Sí, puedes escapar de los juicios, opiniones y creencias que has creado sobre tu propia persona. Para decirlo brevemente, puedes escapar de la tiranía de tu propia mente. Y cuando te liberas de todas esas tonterías acumuladas a lo largo de tus vidas, vuelves a Zero Frequency®, con capacidad para florecer y fluir con toda la bondad del Universo de Dios, sin ningún esfuerzo.

En el siguiente capítulo te explicaré cómo funciona tu mente, para que finalmente dejes de juzgar tus experiencias, tus sentimientos y tus resultados negativos. Una vez que comprendas cómo funciona tu mente, y cómo puedes conseguir que ella trabaje *para ti*, comprobarás que Zero Frequency® te ofrece el camino más fácil hacia la felicidad, la abundancia y la paz.

No tengas miedo de ser tú mismo. Volver a la verdad de quién eres es una práctica y una disciplina. Y es más fácil de lo que piensas. En cuanto empiezas a practicarla se torna natural. Es como volver a montar en bicicleta después de años de no haberlo hecho. Todo vuelve a ti rápidamente. Solo te has olvidado de quién eres en realidad. Ahora es el momento de recordar y comenzar el viaje de vuelta hacia ti mismo, el viaje de vuelta a casa.

Conecta con ZERO *frequency*

1. Cuando los pensamientos restrictivos o las dudas te llevan al pasado, no dejan espacio para que tú seas quien realmente eres. Una forma sencilla de desvincularse del estrés causado por esa situación, es sonreír. Sí, ¡de verdad! Un estudio[*] de 2012 descubrió que sonreír, aunque se trate de una sonrisa forzada, cambia la química del cerebro produciendo beneficios fisiológicos y psicológicos.

2. Deja a un lado la autocrítica y conviértete en el observador. Recuerda que tú no eres esos pensamientos, sentimientos, ni reacciones. Esto es especialmente importante mientras lees este libro y practicas cómo conectarte con Zero Frequency®.

---

[*] «Grin and Bear: The Influence of Manipulated Facial Expression on the Stress Response». Tara L. Kraft, Sara D. Pressman (*Psychological Science*, Volume 23, Issue 11, 2012).

Cuando eres el observador, es mucho más fácil determinar si tus acciones y reacciones proceden del pasado, o si se originan en la persona que eres en realidad. ¿Te ayudan tus sentimientos a volver a tu ser? ¿Y tus pensamientos? ¿Y tus hábitos? El simple acto de tomar conciencia de estas cosas te ayudará a liberarte de todo lo que no es auténticamente tú. Puedes repetir mentalmente: «Suelto y confío».

3. Ya he mencionado el maravilloso libro *La liberación del alma: El viaje más allá de ti mismo*, de Michael Singer. A continuación transcribo un fragmento para que reflexiones sobre él: «Las personas (ciegas) que caminan con la ayuda de un bastón a menudo lo balancean de lado a lado. Y al hacerlo no están buscando por dónde deben caminar, sino intentando encontrar por dónde *no deben* caminar. Están encontrando los extremos». Cuando estamos en Zero Frequency® estamos equilibrados. Estamos andando por el centro del camino, muy conscientes de los bordes (los extremos). Presta atención, ¿estás caminando cerca de un borde, o estás equilibrado ocupando el centro?

4. Ofrécete el regalo de ser tu auténtico ser frente a todo el mundo. Recuerda que cuando te encuentras

en Zero Frequency® estás en el fluir y tu ritmo natural se conecta con el ritmo del Universo. No debes tener miedo de ser tú mismo frente a los demás. Tú no dependes de su aprobación para ser feliz. Muéstrales con tu ejemplo que ellos también pueden ser su auténtico *ser*.

Puedes encontrar más recursos de Zero Frequency® en: www.zerofrequency.com/recursoslibro.

Capítulo 3

Cómo trabaja realmente tu mente

Aunque un hombre pueda vencer a miles de enemigos
en un campo de batalla, solo aquel que se venza
a sí mismo ganará la contienda.
Enseñanza de Buda

Si ahora mismo te estás preguntando: «¿Cómo puede ser tan fácil sentirse feliz y vivir en paz y en abundancia como dice Mabel?», lo entiendo. Tú eres un buscador y has invertido un montón de esfuerzos en crear una nueva vida. Tal vez, como muchos de mis estudiantes, has pasado incontables horas intentando convencerte de que debes pensar positivamente. Es probable que hayas pretendido controlar tus pensamientos, hayas escrito páginas de afirmaciones, y hayas tratado de visualizar un resultado específico, solo para terminar decepcionado.

O acaso simplemente has estado tratando de resolver tus problemas obstinadamente. Te dedicas a practicar nuevas estrategias en un intento por mejorar tu situación económica. Tal vez intentas empezar una nueva dieta para perder algunos kilos por décima vez; o a lo mejor cambias drásticamente tu apariencia con el fin de atraer a alguien. Si al menos tu labor fuera recompensada, fuera fructífera... pero tú sigues sintiéndote infeliz e insatisfecho, y quizás también has empezado a sentir que todo es por tu culpa. «Tengo que escribir más afirmaciones», te dices. *Hazlo mejor. Esfuérzate más.*

No es tu culpa. Simplemente esa es la forma en que fuiste programado, la forma en que trabaja tu mente.

No somos nuestro cuerpo ni nuestra mente. A nivel mental tenemos tres partes: el superconsciente, que es tu lado espiritual; el consciente, que es tu intelecto; y el subconsciente (tu niño interior) que almacena tus memorias y emociones, como si fuera una computadora. Tu mente consciente reconoce algunas de tus memorias, pero hay otras que están enterradas en lo más profundo de la mente subconsciente. Tus circunstancias y experiencias vitales son puros reflejos de memorias, acciones y pensamientos pasados, que son desencadenados y activados por situaciones y personas actuales. ¿Comprendes ahora por qué confiar en tu mente consciente te limita?

Ahora consideremos la posibilidad de trabajar con afirmaciones y visualizaciones para atraer una vida mejor. La ley de la atracción postula que estas herramientas nos ayudan a crear la realidad que deseamos. Basándonos en cómo la mayoría de las personas entienden esta ley, si quieres una nueva casa debes visualizar cómo es esa casa y qué es lo que sientes mientras caminas por sus habitaciones, enciendes la chimenea, te relajas en el patio, y demás. Las instrucciones son sentirte inmerso en la realidad que deseas como si ya hubiera sucedido, y proporcionarle la energía que necesita para manifestarse.

En su libro *The User Illusion: Cutting Consciousness Down to Size* [La ilusión del usuario: Reducir el alcance de la consciencia], Tor Norretranders explica que la mente consciente utiliza solamente dieciséis bits de información por segundo, mientras que en nuestra mente subconsciente suenan y resuenan once billones de bits de información (memorias, experiencias y pensamientos del pasado) que interfieren con los anteriores. La visualización y el pensamiento positivo activan únicamente los dieciséis bits, es decir la parte de ti que cree que sabe lo que es correcto para ti, y por lo tanto le da órdenes a Dios, trata a Dios como si fuera un sirviente, y le indica cuándo y dónde debe manifestarse y qué es lo que debe hacer.

No obstante, tu mente consciente *no sabe* lo que es correcto y perfecto para ti en cada momento; entre los millones de bits de información que hay fuera de tu conciencia están los programas que te limitan, y ellos también hablan contigo. Algunas veces el volumen es tan bajo que no oyes lo que te están diciendo, pero de cualquier manera ellos generan un poder de atracción. Pensamientos como por ejemplo:

- «No soy suficientemente bueno».
- «No tengo una buena formación».
- «No me lo merezco».
- «La vida es dura».
- «No tengo suficiente dinero».
- «La vida es injusta».

¿Qué tipo de realidad crees que pueden atraer estos pensamientos? ¿Qué decisiones te llevarán a tomar de forma inconsciente? Ellos crearán una fuerza mayor que se oponga a tus intenciones positivas. Y lo que es peor, intentar utilizar tu mente consciente y limitada para manifestarte puede producir decepción, remedios temporales, o consecuencias no deseadas. En su artículo titulado «¿Por qué no funcionan las afirmaciones positivas»,* la doctora Sophie Henshaw afirma: «La razón por la que las afirmaciones positivas no funcionan es que están dirigidas al nivel consciente de tu mente, pero no a la mente inconsciente. Si lo que intentas afirmar es incongruente con una creencia negativa profundamente arraigada, entonces el único resultado serán luchas internas».

Einstein dijo: «No podemos resolver nuestros problemas con el mismo tipo de pensamiento que utilizamos cuando los creamos». Intentamos solucionar nuestros problemas con nuestro intelecto a través del pensamiento positivo, o de cambios externos, pero no es allí donde tenemos que trabajar. *Tu problema no está en tu cuerpo ni en el mundo externo, ni siquiera en tu mente.*

Tu poder no procede de la mente consciente, sino de la conexión que tienes con el Universo. La biblioteca del Universo está dentro de ti. Tú auténtica sabiduría reside en el corazón. Tú lo sabes todo, pero

* https://psychcentral.com/blog/why-positive-affirmations-dont-work/

no lo sabes de manera consciente. Cuando utilizas visualizaciones y afirmaciones, estás recurriendo únicamente a esa pequeña parte de ti que cree saber, pero que en realidad no sabe. No sabe si una casa en particular es la adecuada para ti, ni cuánto dinero necesitas de verdad para estar en paz y ser feliz. Y, por otra parte, las memorias de tu mente subconsciente podrían estar actuando en contra de tus deseos conscientes.

Necesitamos un sistema, un arte, a través del cual nuestra mente subconsciente y nuestra mente superconsciente trabajen juntas. Y ese arte es Ho'oponopono, un camino espiritual creado por los hawaianos y practicado en todo el mundo. Ho'oponopono va más allá de la ley de la atracción. Ho'oponopono utiliza los dieciséis millones de bits de información por segundo sin que tú lo sepas, porque no necesitas saber ni comprender exactamente cómo funciona. Todo lo que debes hacer es soltar y dejar actuar a esa *parte que hay dentro de ti que sabe* más de lo que tú sabes, desprenderte de todos los programas que te limitan, y hacer todas las correcciones que sean necesarias.

En este capítulo compartiré contigo más información sobre la mente subconsciente y la mente superconsciente, y te enseñaré algunas técnicas simples para interceptar los patrones negativos.

La perfección de tu mente subconsciente

Tu lado espiritual, esa parte de ti mismo que independientemente de lo que suceda dentro o fuera de ti siempre es perfecta y está en paz, es tu mente superconsciente. Es la parte que *sabe* y, sobre todo, que tiene muy claro quién es todo el tiempo. Tu mente superconsciente está siempre conectada con Dios y tiene acceso a la sabiduría universal. Para decirlo de manera sencilla, tu superconsciente sabe más. Y también comprende que todo es perfecto.

Dios es la fuente de Inspiración y se comunica contigo a través del superconsciente. Cuando eres convocado para ayudar a los demás; cuando tienes un intenso deseo de crear algo; cuando sientes el impulso de conocer una ciudad diferente, conseguir otro trabajo o incluso una nueva vida, eso es obra de tu Inspiración. La mayoría de las personas no responden a ese llamado, ni generan lo que desean, ni hacen caso de su anhelo de vivir algo nuevo. ¿Por qué? Porque no confían. Quieren evaluar su Inspiración con la mente consciente, pero no se puede aplicar la lógica a lo Divino. Lo Divino simplemente es, y es perfecto.

El poder de tu mente subconsciente

Así como tu mente consciente es tu intelecto y tu mente superconsciente es tu lado espiritual, tu mente subconsciente es tu lado físico y emocional. Aunque no seas consciente de ello, tu subconsciente es el responsable de todo lo que tú manifiestas en tu vida. Creemos que vivimos conscientemente, pero en realidad vivimos en la mente subconsciente.

La mente subconsciente es la parte de ti que almacena todas tus memorias y es tu niño interior, tu banco de datos. Es la parte de ti que sufre, que vive en el miedo, que te dice que no puedes hacer nada de lo que deseas, ni obtener nada de lo que anhelas, es esa parte de ti que se basa en los pensamientos y experiencias pasados. Tu intuición también procede de tu subconsciente, y te alerta de problemas o peligros potenciales. Además, tu subconsciente hace funcionar tu cuerpo. Tu sistema digestivo procesa la digestión y tu corazón bombea sin que tú tengas que pensar en ello ni dirigirlo. Las emociones que experimentas y tu forma de reaccionar en cualquier situación dada, proceden de una memoria almacenada en tu subconsciente que se pone en marcha de forma automática, de la misma forma que tu corazón bombea sangre automáticamente.

De modo que cuando intentas pensar cómo salir de una determinada situación, o te dices que quieres cambiar o reaccionar de un modo distinto, puede suceder que tu mente subconsciente tenga una agenda diferente. Si alguna vez te has preguntado: «¿Por qué no puedo resolver esto?» o «¿Por qué sigo estando bloqueado?», es probable que intentes resolver o atraer algo mediante tu mente consciente, pero tú subconsciente tiene otras ideas.

Todo lo que hay en tu mundo tangible —tus relaciones, tu trabajo, tu casa, tus posesiones y tu salud— es un reflejo de tu mundo interior. ¡Y esto es una buena noticia!, pues significa que puedes aprender a trabajar *con* tu subconsciente, en lugar de *contra* él. Tu subconsciente es poderoso, y cuando le prestas atención y trabajas activamente para curar experiencias pasadas, puedes aprovechar ese poder para que algunas tareas que te agobian te resulten más fáciles. Mi maestro, el doctor Hew Len, solía decir: «Si estás buscando la pareja ideal, es esta. Tu niño interior (la mente subconsciente)». Tu subconsciente puede ayudarte a encontrar el camino correcto hacia el éxito con la menor cantidad de obstáculos. Tú puedes responder a la llamada de tu mente superconsciente y actuar de acuerdo con tu Inspiración. Y al hacerlo, te abres para recibir infinitas posibilidades.

La realidad de tu mente subconsciente

El único trabajo del intelecto es elegir. Es la única parte de nosotros que tiene libre elección. El intelecto decidirá si sueltas o no sueltas. La limpieza de Ho'oponopono comienza por el intelecto, cuando tú decides decir «gracias», o utilizar otras herramientas o técnicas que te ayuden a soltar. Tu mente consciente decide soltar las memorias que están arraigadas en tu pasado, y esa es una orden que se dirige al subconsciente. Entonces el subconsciente establece una conexión con el superconsciente.

En su seminario «Desbloquear el poder de tu mente» Joe Dispenza, científico, conferencista y autor de *El placebo eres tú: descubre el poder de tu mente*, explica: «Si queremos cambiar de verdad debemos ir más allá de nosotros mismos. Esta es una de las artes de la transformación. Cuando estamos realmente presentes, no podemos seguir funcionando con un programa. El momento en el que estamos verdaderamente presentes, y retiramos la atención de nuestro cuerpo, de las personas que hay en nuestra vida, de todas las cosas y lugares, incluso del tiempo, es el momento en el que nos convertimos en conciencia pura. Ese es el momento en que ya no funcionamos de acuerdo con las leyes newtonianas de la física... El momento en que nos convertimos en nadie, en nada, en ningún lugar, en ningún tiempo, es el momento en que nos encontramos más allá de nosotros mismos. Y ese es el momento que nos permite ver nuevas posibilidades que no podíamos ver cuando estábamos estancados en nuestros propios programas y personalidad».

Cómo trabajar en armonía

Ahora que conoces las tres partes de ti mismo, el consciente, el subconsciente y el superconsciente, puedes elegir trabajar con ellos en armonía para crear la vida que deseas.

El superconsciente es la parte de nosotros que está siempre conectada con Dios, más allá de lo que esté sucediendo. Nunca interfiere en la relación que hay entre el intelecto y la mente subconsciente, que es como la relación que hay entre una madre y un hijo, porque sabe que todo es perfecto.

Una vez que se ha otorgado el permiso para actuar, para borrar, entonces llega la Inspiración. Y llega a través de lo que los hawaianos llaman mana o energía divina. El intelecto decide limpiarse. El subconsciente se conecta con el superconsciente. El superconsciente se conecta con Dios. Dios borra, crea un espacio vacío; y entonces llega la Inspiración. Después de que una memoria es eliminada de la mente subconsciente, se borra del plano físico.

El subconsciente es importante porque, además de ser la parte de tu mente que expresa las personas, experiencias y cosas de tu vida, también facilita la conexión con la Fuente. La mente consciente no puede ir directamente a la Fuente, cuando decide soltar necesita que el subconsciente establezca la conexión con la mente superconsciente.

Quizás haya una forma más fácil de comprender este concepto. Imagínate que eres una computadora. Tienes una parte consciente (*hardware*) y una subconsciente (*software*). Tienes una tecla de suprimir y al presionarla envías instrucciones a tu superconsciente porque has decidido soltar. Tú no necesitas comprender cómo funciona la computadora. No tienes que ver los cables y entender cómo se conectan. Todo simplemente funciona. Lo mismo se puede aplicar a ti. No tienes que entender cómo funcionas, ni ver cómo se conecta todo. Tú te limitas a trabajar.

Cuando trabajas únicamente para cambiar la parte física, es como si pusieras una curita* sobre el problema. Si realmente quieres resolver ese problema, necesitas trabajar con tu mente subconsciente. ¿Qué es lo que se reproduce en tu memoria que está creando tu mundo físico? No se trata de la forma en que los demás te tratan o te dan apoyo. Se trata de ti. Cuando tú cambias, todo cambia. Nunca sucede a la inversa.

Cómo comunicarte con tu niño interior

En Ho'oponopono, tu mente subconsciente es tu niño interior. Probablemente no es ninguna sorpresa para ti saber que tu niño interior es constantemente negado o desatendido. ¡Ya lo creo que lo es! Hasta ahora quizás ni siquiera conocías su existencia. También puede ser que tuvieras una vaga idea de lo que significaba tener un niño interior, pero ignorabas la función que desempeñaba en tu vida. Ahora lo sabes, y ahora puedes darle a ese niño interior la atención y el amor que necesita.

Imagina que tu niño interior está formado por todas las memorias de las experiencias que todavía no has resuelto. Acaso pienses que has superado una

---

* Tirita.

situación conflictiva simplemente porque te hiciste mayor y dejaste de pensar en ella. Pero tu niño interior la conoce mejor. Mientras no le brindes a tu niño interior la atención que desea y lo ayudes a sanar esas memorias, él seguirá teniendo influencia sobre tu mundo externo. Muchas de tus experiencias no deseadas son el resultado directo de ignorar a tu niño interior. Si eliges comunicarte con él, amarlo y cuidarlo, y finalmente desprenderte de las memorias, podrás aprovechar fácilmente el poder de tu mente subconsciente para sacar partido de tu mente superconsciente, y vivir tu vida desde la Inspiración. Una vida que en este momento ni siquiera eres capaz de imaginar.

Puedo entender que pienses que toda esta charla sobre tu niño interior es un poco extraña. Cuando empecé mi camino espiritual, sentía lo mismo. Aunque mi intelecto me decía que era una tontería, yo decidí tenerlo en cuenta. Por ejemplo, si me sentía preocupada o ansiosa le decía a mi niña interior: «Te amo. Todo va a estar bien. Ahora estamos juntas. No tenemos nada de qué preocuparnos». Si estaba agobiada por algún resultado, le decía: «Esto se lo dejamos a Dios. Ni siquiera lo intentamos». Y a pesar de que seguía dudando de que esto funcionara, hablarle a mi niña interior me ayudaba a calmarme. Por el mero hecho de reconocer a mi niña interior y reafirmarla, comencé a sentir paz en las situaciones más estresantes.

Tu niño interior conoce a Dios; el intelecto no. Por este motivo cuando le dices: «Vamos a darle este problema a Dios», ¡tu niño se relaja!

Cuando estaba enseñando en Argentina, conocí a una niña autista de quince años llamada Lucía. Le pregunté cómo podía ayudar a mis estudiantes adultos a conectar con su niño interior. Lucía me respondió: «Es muy fácil, Mabel. Lo llamas con amor, y viene. Lo llamas por su nombre, y viene».

¿No es maravilloso? *Lo llamas con amor, y viene. Lo llamas por su nombre, y viene.* Y aunque yo sabía que ella estaba diciendo la verdad, también sabía por experiencia que los adultos lo pasarían mal intentando poner en práctica ese consejo. Entonces le dije: «Eso es fácil para ti, Lucía, pero yo tengo que hablar con adultos».

Su abuela, que había estado escuchando nuestra conversación, decidió darle una oportunidad al consejo de Lucía. ¡Y funcionó! Ella fue capaz de conectar con su niña interior. De modo que si mientras intentas comprender lo que estoy diciendo, no tienes muy claro cómo conectar con tu niño interior, por favor suelta y déjate llevar. Podría ser más fácil de lo que tú crees.

Con el paso del tiempo, esta práctica me ofreció soluciones en espacios inesperados. Cierto día me encontraba en el supermercado y estaba pensando en mi peso corporal. Había hecho diferentes dietas durante un mes y, sin embargo, cada mañana me subía a la balanza y los números seguían siendo los mismos. Decidí conversar con mi niña interior, y le pregunté: «Haga lo que haga, nada parece funcionar. ¿Qué es lo que no queremos soltar?».

La respuesta llegó a mí con el siguiente pensamiento: «Helado de vainilla».

Inmediatamente le respondí: «Por supuesto, después de que adelgacemos vamos a tomar un montón de helado de vainilla, ¡pero primero necesitamos perder peso!».

En ese momento escuché que mi niña interior decía: «Primero dame el helado de vainilla y luego te ayudaré. Cooperaré».

Tal vez me estaba volviendo loca, pero en ese momento decidí mostrarle a mi niña interior que confiaba en ella. De manera que en vez de comprar un kilo de helado de vainilla en el supermercado, fui directamente a la heladería y pedí un cucurucho grande de helado de vainilla. Me lo tomé allí mismo. Y lo disfruté, considerándolo como una escapada, una actividad divertida que compartía con mi niña interior. Para mi sorpresa, ¡cuando me subí a la balanza a la mañana siguiente había perdido casi un kilo!

Comparto esta historia porque quiero que comprendas que si preguntas cómo soltar, cómo borrar viejas memorias, y la respuesta que escuchas te parece sencillamente ridícula, ¡debes hacer caso de cualquier manera! Has escuchado bien. Confía siempre en tu propia Inspiración.

Inspiración frente a ego

El verdadero conocimiento procede de la Inspiración. Pero cuando tomas una decisión intentando ser fiel a ti mismo, ¿cómo sabes si esa decisión proviene de tu programación (ego) o de la Inspiración? Lo sabes confiando en lo que tu corazón, y no tu intelecto, siente que es correcto. El secreto es actuar sin pensar. Esa es la Inspiración. Por ejemplo, si una serpiente se cruza en tu camino, ¿saltas o piensas? Si te pones a pensar, no saltarás a tiempo. La serpiente te morderá antes de que puedas tomar una decisión. Y si hay algo que sabes con toda certeza es que ¡no quieres que la serpiente te muerda!

Esto puede aplicarse a cualquier situación. Cuando haces las cosas de una forma natural e instintiva, todo fluye. Y más tarde te das cuenta de que has hecho lo que era perfecto. Si, por el contrario, te detienes a reflexionar sobre tus opciones, a analizarlas una y otra vez, perderás tu ritmo natural. Cuando dejas de ser tú mismo, todo empieza a complicarse. Y esto ocurre porque en cuanto comienzas a pensar y a preocuparte, dejas de estar en el fluir de las cosas. No estás en Cero, y en consecuencia la Inspiración no puede manifestarse. Siempre puedes elegir qué parte de tu mente quieres empoderar, la parte que hace que la vida sea más difícil, o la parte que la facilita.

Inspiración frente a intuición y sueños

El doctor Hew Len solía explicarme qué era la Inspiración del siguiente modo: «La Inspiración siempre procede de Dios/Universo. Esta es una idea original, o una nueva información. Normalmente es la mejor solución, o una respuesta perfecta que no se puede explicar». También me dejó claro que la Inspiración no debe ser confundida con la intuición. La intuición forma parte de las memorias que reproducimos, y que surgen de nuestra mente subconsciente. Es la evocación de algo que ha sucedido realmente en el pasado, y que proviene de una parte que hay dentro de ti (el niño interior). Es como una advertencia de que va a volver a repetirse, para que tú puedas evitarlo.

Por el contrario, la Inspiración siempre es nueva, siempre está en el presente. No se origina en una experiencia pasada. Es como el aire fresco, más cercano a ti que tu propia respiración, que se renueva con cada aliento y está disponible veinticuatro horas al día siete días a la semana. La Inspiración es gratis, pero la mayoría de nosotros no elige utilizarla.

Los sueños también son memorias reproducidas. Los sueños pueden ser premonitorios, o reproducciones de experiencias pasadas. Independientemente de cuál sea el caso, son oportunidades para corregir y soltar, y ni siquiera tienes que entenderlos. ¿Comprendes ahora porque en Zero Frequency® decimos que necesitamos soltar veinticuatro horas al día siete días a la semana? Si trabajas con determinadas situaciones durante el sueño, realmente puedes impedir que sucedan. Y no te sorprendas si la Inspiración también se manifiesta en tus sueños. Algunas personas encuentran respuestas, ideas y soluciones innovadoras a sus problemas mientras duermen.

La Inspiración únicamente puede manifestarse cuando nos conectamos con el Universo con el corazón abierto y sin filtros. La Inspiración se manifiesta a través de ideas espontáneas que parecen surgir de la nada. Como caídas del cielo. A veces incluso podrían no tener sentido, pero luego demuestran ser soluciones perfectas en las que nunca habías pensado. He tenido varias experiencias importantes de este tipo, y en todas las ocasiones confíe en lo incierto, en lo desconocido, y en lo inexplicable. Y los resultados fueron sorprendentes. Aprendí a confiar y a dejarme guiar por mi corazón (Inspiración), en vez de confiar en mi intelecto (ego). Lo que mi intelecto me decía era de puro sentido común. No obstante, lo que mi corazón me decía era que confiara, que soltara y que fuera a por ello.

Tal como comenté en el primer capítulo del libro, en mi vida personal tomé decisiones que eran ilógicas para el ego, pero que estaban basadas en la Inspiración de mi corazón. Dejé un matrimonio y un trabajo seguro como contadora para abrir mi propio estudio privado que llegó a tener un gran éxito. Más tarde abandoné esa vida exitosa y segura que me había construido, para iniciar mi camino como maestra espiritual, organizar seminarios, y escribir libros que despertaran a personas de todo el mundo. En cada paso del camino solté, confié, y me basé en la Inspiración.

Hemisferio izquierdo frente a hemisferio derecho

En 1996 la doctora Jill Bolte Taylor, una científica de Harvard y conocida neuroanatomista, sufrió un derrame cerebral en el hemisferio izquierdo. De repente, esta exitosa mujer que había construido su vida en torno a su cerebro, no era capaz de andar, hablar, ni recordar nada de su vida. Tuvieron que pasar ocho años para que la doctora Jill Bolte Taylor volviera a recuperar sus capacidades físicas y mentales.

En su libro *Un ataque de lucidez: Un viaje personal hacia la superación* se refiere a su hemisferio izquierdo como el «narrador de historias». Ella afirmó: «Mientras los centros del lenguaje de mi hemisferio izquierdo se recuperaban y comenzaban a funcionar otra vez, yo pasaba mucho tiempo observando cómo mi narrador de historias sacaba conclusiones basadas en informaciones mínimas. Durante muchísimo tiempo consideré que estas gracias y travesuras de mi narrador de historias eran bastante cómicas. ¡Hasta que me di cuenta de que la mente que correspondía al lado izquierdo de mi cerebro esperaba con entusiasmo que el resto de mi cerebro creyera en esas historias que estaba construyendo! Siempre deberíamos recordar que hay enormes lagunas entre lo que sabemos y lo que pensamos saber. Aprendí que necesitaba ser muy cautelosa con el potencial que tenía mi narrador de historias para fomentar los dramas y los traumas».

De acuerdo con el *Heartmath Institute* de San José, California, no solamente el cerebro envía mensajes al corazón; el corazón también reenvía esos mensajes. Este descubrimiento se produjo gracias al trabajo de John Lacey y Beatrice Lacey, investigadores del campo de la psicofisiología. Los Lacey observaron que el corazón envía información al cerebro, y dicha información afecta la forma en que vemos el mundo e incluso nuestra conducta y nuestro rendimiento.

El hemisferio izquierdo del cerebro crea todas las historias, preocupaciones y miedos que te impiden estar en el presente. Por eso lo llamo «la reina del drama». Cuando tu cerebro izquierdo comienza a fomentar dramas y crear este tipo de historias, has de volver al momento presente. Vuelve a Cero, donde puedes seguir estando en el fluir del Universo de Dios, que siempre te situará en el lugar correcto, en el momento oportuno y con las personas adecuadas.

Y tal como ha compartido la doctora Jill Bolte Taylor en su libro: «La parte derecha de mi mente está abierta a nuevas posibilidades y a analizar ideas innovadoras. No está limitada por normas ni reglas establecidas por la parte izquierda de la mente. En consecuencia, la parte derecha de mi mente es altamente creativa en su disposición a probar algo nuevo».

Te ayudará mucho comprender cómo trabajan tu hemisferio izquierdo y tu hemisferio derecho a medida que avances en la lectura de este libro y practiques las técnicas que favorecerán que tu vida sea más feliz y serena. Para volver al presente puedes decirte a ti mismo: «Es solo una historia que me está contando mi hemisferio izquierdo. No le creo». Esto es muy simple, y realmente es una forma muy *fácil* de acceder a Zero Frequency®.

Conecta con ZERO *frequency*

Matthew David Hurtado habla de un proceso transformacional al que él denomina «Permitir». Él dice: «Permitir no es un acto de debilidad en el que tú te sometes y dices: "Muy bien, me rindo. Tú ganas". Es un proceso en el que derrocas a la mente y consigues hacer el trabajo de una vez por todas». Por lo tanto, cuando sueltas llegas a ese estado en el que te permites ser, tal como lo llama Hurtado.

Entonces, ¿cómo puedes desconectar (temporalmente) de tu mente lógica y consciente para acceder a tu mente subconsciente? ¿Cómo puedes entrar en el «estado de concederle permiso al Ser», tal como lo denomina hurtado? La forma más fácil es producir una perturbación que altere tu foco de atención. A continuación te daré algunas sugerencias que solo requieren unos pocos segundos. Con el paso del tiempo observarás que estas técnicas empiezan a funcionar de manera natural.

1. En este capítulo has aprendido que tu cerebro es como una computadora. Cuando adviertas la existencia de un pensamiento o de una preocupación, recuerda que se trata del monitor mostrándote una memoria que se reproduce en tu mente subconsciente. Da una orden a tu cerebro de la misma forma que se la darías a la computadora. Dile simplemente a tu cerebro «Borrar» o «Presionar la tecla suprimir». Tú eliges soltar, en vez de reaccionar y actuar. ¡No dejes que tu cerebro te dirija! Solo está reproduciendo memorias.

2. Habla mentalmente con tu niño interior como si estuvieras hablando con un niño pequeño, y asegúrale que no lo abandonarás. «Estás bien. Estamos

juntos en esto. No hay nada de qué preocuparse».
Encuentra las palabras que se adapten mejor a tus
necesidades. Puedes pedirle cariñosamente a tu
niño: «Por favor, suelta».

3. Otra forma de evitar quedarte atrapado en patrones de pensamientos negativos es decirle amablemente a tu cerebro: «Ya es suficiente. Estoy ocupado». Esto te ayudará a volver al momento presente sin enredarte con esos pensamientos.

4. Cuando quieras abrir tu mente para ver un problema desde una perspectiva diferente, y cambiar tus emociones y tu forma de percibirlo, tómate un descanso. Muévete: sal de la casa, siéntate en una habitación diferente de tu hogar o de tu lugar de trabajo. Haz lo que te resulte más fácil en ese momento. Unos pocos minutos serán suficientes para marcar una importante diferencia.

5. Cuando prestamos atención a la Inspiración, ella nos guía para volver a Cero, para volver a nuestro auténtico ser. A menudo nos olvidamos de esta guía que procede del corazón, o la ignoramos, porque nos quedamos inmediatamente atrapados tratando de decidir si deberíamos hacerle caso. Una buena forma de permanecer conectado con la Inspiración es apartarte de todos los elementos de la

vida cotidiana, y dirigirte a un sitio que te suscite una sensación de veneración. Puede ser un lugar cerca de un curso de agua, una montaña, o incluso tu jardín. O tal vez ese lugar sea un museo de arte o una capilla silenciosa. Cualquiera que sea el sitio que elijas, esa veneración por la belleza natural, artística o espiritual te ayudará a calmar tu mente y así podrás oír la voz de la Inspiración.

6. Acceder a tu Inspiración es fácil; todo lo que debes hacer es preguntar y luego prestar atención a cómo te guía. Unos simples *gracias* y *te amo*, ayudarán a serenar tu mente parlanchina, y abrirán paso a la Inspiración. Sí, tienes que darle permiso a la Inspiración para que entre en tu vida. Ella no invade tu intimidad y tampoco intenta imponerse, como hace el ego.

Puedes encontrar más recursos de Zero Frequency® en: www.zerofrequency.com/recursoslibro.

Capítulo 4

Practica la responsabilidad

Si quieres tener éxito, tienes que asumir la responsabilidad
de todo lo que experimentas en tu vida al cien por ciento.
Jack Canfield

En cierta ocasión asistí a un taller de Ho'oponopono en Filadelfia. No era la primera vez que asistía a un evento de este tipo y volví a participar tantas veces como pude para aprender más de mi maestro, porque en cada nueva ocasión tomaba conciencia de algo que no había advertido antes, de un nuevo hallazgo.

En este evento en particular, mi maestro habló de la importancia de asumir la responsabilidad de todo lo que sucede en nuestra vida al cien por ciento. Yo había sido testigo de su sabiduría muchas veces y, a pesar de que confiaba en él, no la había asimilado completamente. Yo no era feliz. Estaba siempre intentando cambiar a las personas que había en mi vida, y nunca me sentía satisfecha con lo que había conseguido materialmente. Siempre intentaba hacer que las cosas ocurrieran «a mi manera». Yo tenía la razón, y los demás estaban equivocados.

Y entonces de pronto comprendí. «¡Oh! —pensé—. Si he sido yo la que lo ha creado todo, y soy cien por ciento responsable, eso significa que *yo también puedo cambiarlo*».

Por primera vez en mi vida, me sentí libre. Mi corazón era plenamente feliz porque me había dado cuenta de que tenía el poder de modificar cualquier cosa para cambiar mi vida. Había pasado mucho tiempo, y había invertido mucha energía en mi empeño por cambiar a los demás para que mi vida funcionara de la forma que yo quería, y sin embargo no había funcionado. ¿Por qué? Porque no se puede cambiar a nadie, porque es mucho más fácil cambiarte a ti mismo. En el intento por conseguir que todo el mundo aceptara mi forma de hacer las cosas, estaba dejando que los demás fueran responsables de mi propia felicidad, prosperidad, bienestar y paz mental. ¿Comprendes ahora por qué finalmente me sentí libre? Entendí la lección por primera vez: soy responsable, y eso significa que puedo crear y cambiar a voluntad. He recuperado mi poder.

Tendemos a dar a la palabra «responsabilidad» una connotación de excesivo peso, como algo que tenemos que hacer. Pero, en realidad, en el contexto de nuestra propia vida asumir la responsabilidad es una magnífica oportunidad que ofrece innumerables recompensas. Verás, cuando tú culpas alguien, o te quejas de alguna situación que se te va de las manos, estás entregando tu poder. Dependes de otras personas para resolver un problema, para sentirte mejor, para sentirte amado, para colmar tus necesidades, etc. Tú no puedes ser realmente feliz cuando dependes así de los demás.

Practica la responsabilidad. Es el principio más importante de Zero Frequency®, de lo contrario tendrás muchas dificultades para llegar a Cero. Pero cuando *realmente* decides asumir la responsabilidad al cien por ciento, vuelves al presente de inmediato, eres más consciente, y te liberas.

¿Qué significa ser cien por ciento responsable?

Cuenta la leyenda que cuando los barcos de los conquistadores europeos se acercaban a las costas de las Américas, los nativos no podían verlos porque no tenían ningún «programa» en su mente que pudiera leer esa información. La «realidad», todo lo que ves allí fuera, es el resultado de tu propia percepción e interpretación.

Asumir la responsabilidad al cien por ciento significa verlo todo como una expresión de algo que está sucediendo dentro de ti. Ya sé que tú experimentas lo que sucede en la vida exterior como algo muy real, pero la verdad es que tú creas tu propia realidad con tus pensamientos. Probablemente hayas escuchado antes este mensaje, aunque no me estoy refiriendo a la manifestación propiamente dicha. Me estoy refiriendo a la forma en que tu cerebro procesa la información. Tus ojos detectan únicamente la información que les envía tu cerebro. Es importante comprender que no todo el mundo ve lo mismo que tú. Lo que tú «ves» es interpretado a través de tus filtros internos, y esos filtros están condicionados por tu antigua programación. En otras palabras, tú ves (interpretas) a través de tus propias memorias y programas. En el capítulo anterior has aprendido que esa es la función de tu mente subconsciente. Comprender cómo tu mente procesa la información te ayudará a ser más paciente y a aceptar los puntos de vista de otras personas.

Tú eres cien por ciento responsable de tu forma de interpretar la realidad, y de las diferentes circunstancias que atraes a tu vida. Todos estamos familiarizados con la ley de la atracción. Ahora bien, debes saber que la realidad que atraes no está determinada por aquello que conoces y piensas con tu mente consciente. Esa realidad es también el resultado y la consecuencia de las memorias que conservas en tu mente subconsciente y que están constantemente en funcionamiento, creando y recreando «realidades».

Por lo general, los incidentes que se producen en el momento presente no están causados por lo que está sucediendo en ese momento en particular. Están causados por acciones y experiencias pasadas que has vivido en la niñez, creencias a las que te has apegado, e incluso decisiones que podrías haber tomado en el momento de tu nacimiento. Algunas veces las memorias son obvias y puedes reconocerlas fácilmente. Se manifiestan a través de tus reacciones, creencias, opiniones y juicios. Tú puedes elegir *no* hacerles caso, y *no* interactuar con ellas. Puedes decidir pensar de una forma diferente, y adoptar actitudes alternativas. Tienes libertad de elección. Tú eres la única persona que puede liberarte de los pensamientos y creencias que te limitan.

Aceptar la responsabilidad al cien por ciento no quiere decir que tú seas culpable de nada. Por favor, no confundas responsabilidad con culpa. Todo es producto de tus propias memorias que se repiten a sí mismas, y tú puedes optar por dejarlas ir. Solo debes presionar la tecla «Suprimir», en vez de discutir con la pantalla de tu computadora.

Tú puedes cambiar todo lo que hay en tu vida. Tú has creado tu vida, ¡y tú tienes el poder interior de cambiarla! Así como yo necesité algunos seminarios para comprender plenamente lo que significaba asumir la responsabilidad al cien por ciento, quizás tú necesites volver a este capítulo más de una vez para recordarlo. Sé paciente contigo mismo mientras procesas todo esto. La verdad llegará.

¿Eres una víctima?

Nick Vujicic nació sin piernas ni brazos; tiene un pie pero no tiene pierna. A pesar de sus dificultades, Nick se ocupa de sus tareas cotidianas por sus propios medios. Se viste y se ocupa de su aseo personal sin ayuda, cocina, sube y baja las escaleras, es capaz de teclear cuarenta y tres palabras por minuto en su computadora, ¡e incluso nada en la piscina! ¡Y todo lo hace con buen humor! Puedes verlo en YouTube. ¡No tiene brazos, no tiene piernas, y no tiene problemas! Da conferencias motivacionales, y no puedo pensar en nadie más calificado para hacerlo.

Si a Nick le falta algo, es la mentalidad de víctima. ¿Por qué? Tal vez la respuesta se encuentre en esta cita de John W. Gardner, que fue secretario de salud, educación y bienestar de los Estados Unidos: «Sin lugar a dudas, la autocompasión es el más destructivo de los narcóticos no farmacéuticos; es adictiva, ofrece un placer temporal, y separa a la víctima de la realidad».

En Zero Frequency® decimos que la autocompasión es una adicción, una reiteración de la memoria. Ha estado repitiéndose en nuestra mente durante tanto tiempo que se ha convertido en algo tan natural para nosotros que nos resulta difícil deshacernos de ella. Este tipo de pensamientos se repiten una y otra vez en nuestra mente: «No puedo hacerlo... No tengo lo que se necesita para hacerlo... No me lo merezco... No soy tan bueno como...».

A un nivel consciente no creemos obtener ningún beneficio ni compensación por vernos a nosotros mismos como víctimas. Sin embargo, eso no es verdad. Nunca lo admitiremos, pero consideramos que siendo «víctimas» podríamos conseguir más atención y más cuidados. Tal vez alguien podría ocuparse de nosotros y no tendríamos necesidad de esforzarnos, ni de salir de nuestra zona de confort.

Mientras daba un seminario de Ho'oponopono en Rumanía conocí a dos hermanas. Al final del primer día, se acercaron para hablar conmigo. Durante el evento no las había visto porque estaban sentadas al fondo de la sala.

Una de ellas parecía estar muy nerviosa. La llamaré Katya. Me explicó que estaba muy enojada porque había venido al seminario con la esperanza de que yo curara a su hermana de su discapacidad mental. Entonces miré a la hermana, a la que llamaré Sylvie, y advertí que estaba en alguna otra parte, que no estaba conectada con la realidad.

Hablé con Katya durante treinta minutos para reforzar lo que ella había aprendido a lo largo de ese día acerca de deshacerse de las expectativas, confiar en Dios, y demás. Ella siguió disgustada conmigo porque su mayor anhelo era que su hermana fuera «normal».

Entonces le dije: «¿Acaso quieres que tu hermana sea como tú? ¿Se trata de eso? Quieres que ella esté enojada y disgustada porque eso es "normal" para ti. Cuando miro a tu hermana, veo que ella está bien. Ella es feliz. Ella realmente no tiene ningún problema, eres tú la que tiene un problema con ella».

Todavía enojada conmigo, Katya se marchó con su hermana. No esperaba volver a verlas al día siguiente, pero allí estaban.

El segundo día de nuestro evento fue muy interactivo. En esta ocasión yo detecté de inmediato que ellas estaban presentes. De hecho, Sylvie parecía otra persona. Estaba activa e intervenía en todos los ejercicios. También Katya parecía diferente. Sonreía y abrazaba a los otros participantes. Y al final de la clase se sumó a los demás para bailar. Al verla, pensé que se sentía libre. Y a lo largo del día no dejé de preguntarme: «¿Qué está pasando? ¿Qué es lo que ha cambiado?».

Después de la clase me encontré con las dos hermanas, y le pregunté a Katya qué era lo que había cambiado.

«Anoche tuve una revelación —me explicó—. De repente me di cuenta de que la discapacidad mental de Sylvie estaba destinada a mí, pero su alma decidió asumirla para que yo no tuviera que hacerlo».

Lo que me contó puede ser verdad o no, pero Katya tenía una actitud completamente diferente a la del día anterior, y consideraba la situación que vivía con su hermana bajo una nueva luz. Ella ya no se consideraba una víctima, *y* ya no veía a Sylvie como una persona que «no era normal».

Cualquiera que sea tu situación, considerar que eres una víctima no supone ninguna ventaja. Si eres una víctima, estás indefenso. Recuerda que depender de algo o alguien exterior a ti no te convertirá en una persona rica ni feliz.

No te engañes. Nada bueno puede brindarte la sensación de ser una víctima. Es probable que consigas llamar la atención, pero finalmente se volverá contra ti. De manera que si descubres que estás «jugando a ser una víctima», piensa en todas esas personas que tienen limitaciones reales. Agradece todo lo que tienes, y todas las posibilidades que la vida te ofrece. Suelta y elige liberarte a ti misma de la adicción al victimismo. Si asumes que eres el creador de tu propia realidad pero al mismo tiempo te consideras una víctima, estás renunciando a tu poder. En ese momento, tú no eres el amo de tu destino; tú estás a su merced. Tú estás a merced de los demás. Tú estás eligiendo a un gran sustituto de la superación, que es el confort.

Cosas que están «más allá de tu control»

Puede ser difícil asumir la responsabilidad al cien por ciento cuando debemos afrontar situaciones dolorosas, difíciles o incluso trágicas, sea en nuestra propia vida o en la vida de las personas que nos rodean. Es fundamental comprender que lo que importa no es la tragedia en sí misma, ni lo que ha ocurrido, ni lo que alguien te ha hecho, sino lo que tú haces con las decisiones que tomas *en relación con* lo que ha sucedido. Puedes elegir considerarte una víctima, o puedes aprender de lo ocurrido. Puedes crecer a partir de lo ocurrido. Puedes convertirte en una persona mejor y ayudar a los otros *gracias a lo que ha ocurrido.*

En algunas ocasiones un resultado negativo es la forma de cerrar una puerta para que otra se abra. Debes saber desde el fondo de tu corazón que llegarán nuevas oportunidades. Concéntrate en lo que tú haces y en lo que tú piensas, en las acciones que tú realizas y en las decisiones que tú tomas. No prestes atención a las opiniones de aquellos que te han «lastimado». Esto es muy importante. Deséales lo mejor. Si alguien te hace daño, ese es su problema, no el tuyo. Dios lo ve todo, y todo retorna.

La mayoría del tiempo estamos dormidos, y no asumimos la responsabilidad de nuestra forma de reaccionar frente a una tragedia o un suceso negativo. Y cuando lo hacemos reiteradamente, terminamos en la prisión de nuestra mente. ¡Es hora de despertar y liberarte!

El maestro espiritual jamaicano Mooji compartió su sabiduría en una entrevista de 2008:[*] «Yo no siento que este universo sea vengativo, siento que es reparador. Te ofrece innumerables oportunidades para que tú puedas evolucionar de algún modo. E incluso cuando nos parece que hemos recibido un castigo, en realidad se trata de un acto de gracia, aunque al principio no sepamos cómo valorarlo. A menudo dices gracias a la persona equivocada, alguien que en ese momento te hace sentir bien, es agradable. Agradeces los momentos con sabor a chocolate. Pero algunas cosas te muerden, te estrujan y te aprietan, y tú no dices gracias. Sin embargo, esas son las cosas que cambian tu ser de tal manera que infunden sabiduría a tu experiencia».

Mooji contó además una anécdota que le sucedió cuando visitó España. Un hombre se acercó a él y le pidió un mantra. Mooji le dijo que le daría un mantra universal, el mejor mantra, uno que todo el mundo

---

[*] *Intensive Satsang with Mooji, part three*, London, June 15, 2008, United Kingdom. Accessed August 31, 2018: https://youtu.be/g9Q14FbHw4A

puede decir. El mantra era: *Muchas gracias*. Y entonces le advirtió: «Limítate a dar las gracias. No expliques, no te quejes; simplemente di gracias. Agradece tu existencia sin ninguna justificación. De alguna manera, tu ser es depurado y cobra vida. Agradece por todas las personas que aparecen en tu vida. Si no entiendes lo que ellas te traen, di gracias. Si te han hecho daño, es muy probable que no lo agradezcas inmediatamente, pero algo dentro de ti lo hará. Di gracias, y comprueba qué es lo que sucede».

Gracias obra maravillas. Te cambia a ti, y también a las personas que te rodean. Déjame darte un ejemplo. Uno de mis estudiantes en Los Ángeles me contó que le habían robado. Su respuesta fue darle las *gracias* al ladrón. Y cuando lo hizo, el ladrón comenzó a devolverle todo lo que le había robado y le preguntó: «¿Dónde vives?». Y cuando mi estudiante le respondió, el ladrón le dijo: «Tu barrio no es seguro, déjame acompañarte». ¡El ladrón actuó como su guardaespaldas!

Algunas personas lo encuentran increíble, aun así esta es solo una de muchas historias. Conté esta misma anécdota en un seminario que di en Paraguay. Una de las participantes me dijo que a ella le había sucedido algo parecido. «Le di las gracias al ladrón, y traté de convencerlo de que se llevara mi reloj que era muy caro», me contó. El ladrón se negó a cogerlo, le devolvió todas sus cosas, ¡y terminaron tomando juntos un café!

Cuando sueltas, estás encendiendo una luz, y no lo haces únicamente por ti mismo. Cuando enciendes la luz para ti, la luz enciende para todo el mundo. La luz no discrimina. ¡Vivimos en un Universo donde todo está conectado! Digamos todos *Gracias* o *Te amo* y contribuyamos a difundir más amor, felicidad y paz en el mundo. Tú puedes marcar una gran diferencia con un simple *gracias*.

¿Cuál es tu excusa?

Las excusas son miedos razonados y justificados que nos paralizan. Si les prestamos atención, les entregamos el control de las cosas y perdemos muchas oportunidades. Excusas típicas pueden ser, por ejemplo, que nos hemos comprometido con algo demasiado difícil, que no tenemos tiempo o dinero, o simplemente culpar a otras personas o a determinadas circunstancias por nuestra falta de acción. Como sucede con todas las memorias, lo único que podemos hacer es pulsar la tecla «Suprimir» y dejarlas ir.

Siempre que tengas una excusa debes reconocer que se trata simplemente de una reproducción de una memoria. No le hagas caso. Obsérvala y mantente en el presente. Confía. ¡Y luego hazlo! Cuando dices: «Está bien, está bien, lo haré mañana porque hoy no estoy de ánimo» o «Ahora no tengo tiempo», lo único que haces es postergar las cosas. Esas excusas siempre existirán. Tienes que comprometerte. En muchas ocasiones «fracasamos» porque dejamos las cosas para más tarde. Generalmente tú decides comenzar la dieta el próximo lunes, ¿no es así? Lo peor de no comprometerse con las decisiones que tomamos es que luego nos sentimos mal, lo consideramos un fracaso, y terminamos por no hacer nada. Entramos en un círculo vicioso, una espiral que nos hace bajar y bajar, hasta que tocamos fondo. Entonces nos preguntamos por qué nuestros sueños todavía nos aguardan en el horizonte.

Tus sueños solamente «llegarán a hacerse realidad» si tú asumes la responsabilidad. Comprométete a hacer todo lo que sea necesario para cumplir tus objetivos. Ve a por ellos. Trabaja para ellos. Reclámalos como propios.

Conecta con ZERO *frequency*

Independientemente de cuáles sean tus circunstancias, debes estar dispuesto a asumir la responsabilidad. Cualquier persona que aparezca en tu vida te ofrece la oportunidad de ver los programas que están activos en tu interior, y que tú estás preparado para liberarlos. Como ya mostré con las historias de los dos estudiantes que acabaron haciéndose amigos de sus ladrones, todos estamos conectados. Lo que le hace daño a uno de nosotros, nos hace daño a todos. Y lo que cura a uno de nosotros, nos cura a todos. De manera que al asumir la plena responsabilidad de tu vida, no solamente te estás liberando de la prisión de tus propios programas, sino que también nos estás ofreciendo esa libertad a todos los demás. Todo lo que se borra en ti, se borra en los otros, especialmente en tu familia más cercana, el resto de tus parientes, y tus antepasados.

A continuación incluyo algunas formas muy simples de conectar con Zero Frequency® practicando la responsabilidad:

1. Asumir la responsabilidad no significa que estás aceptando la *culpa*. No estoy sugiriendo que admitas los fallos. Para permanecer en el presente

simplemente debes decir: «Lo siento. Perdóname por lo que sea que hay en mí que ha creado esta situación». Con esta simple frase, te estás liberando y te estás concediendo permiso para suprimir todo lo que hay dentro de ti.

2. Mantente consciente y conviértete en un observador. No te tomes las cosas como algo personal. Conecta con el poder que hay dentro de ti diciendo: «Soy yo. Yo lo he creado. Y yo puedo cambiarlo».

3. Anula las voces y las historias que surgen en tu cabeza repitiendo mentalmente: «Suelto y confío». Recuérdate a ti mismo: «Solo se trata del programa que se está reproduciendo. Es como una película».

4. No temas a los miedos ni las dudas. Repite mentalmente: «Todo es perfecto. Todo está bien. Esto también pasará».

Puedes encontrar más recursos de Zero Frequency® en: www.zerofrequency.com/recursoslibro.

Capítulo 5

Practica la inocencia

*Si quieres ser creativo, mantente en parte como un niño,
con la creatividad y la inventiva que los caracteriza
antes de ser deformados por la sociedad adulta*
Jean Piaget

¿Recuerdas cuando eras un niño o una niña y no tenías ninguna preocupación, cuando creías que cualquier cosa era posible? Cuando eras joven un día duraba una eternidad, y la vida estaba llena de magia y de promesas. Te encantaba cantar, y cantabas. Imaginabas una casa en un árbol, y la construías. Visualizabas que te convertirías en una bailarina, un bombero o un capitán de barco, y creías que llegarías fácilmente a serlo. Sabías que podía realizar cosas maravillosas, y las hacías.

Cuando eras un niño o una niña, tus pensamientos eran ilimitados porque vivías en Zero Frequency® de forma natural. Tu conexión con el Universo era pura y directa. Eras libre para ser quien eras. Pero a medida que crecías comenzaste a interiorizar las opiniones de otras personas, sus experiencias e ideas negativas, y tus propias experiencias dolorosas. Con el paso del tiempo fuiste condicionado a creer en tus limitaciones. Dejaste de creer en ti mismo y perdiste tu magia. Perdiste tu pasaporte hacia el estado de Zero Frequency®.

Y cuando llegaste a ser adulto, silenciaste la voz de tu intuición y de tu inspiración para poder oír la «voz de la razón». Ya no cantabas tanto. Los planes para construir más casas en los árboles quedaron inacabados, porque ahora dudabas de tu capacidad para conseguirlo. Dejaste que tus sueños se desvanecieran, y cambiaste el foco de tu atención del corazón a la cabeza. Tu mente se llenó de preocupaciones, miedos y dudas, y apenas te diste cuenta de que tu vida iba perdiendo color. Tal vez incluso dejaste de creer en los finales felices.

Sin embargo, no tienes por qué vivir de ese modo. Tu historia puede tener un final feliz, y puede ser tan mágico, maravilloso e ilimitado como los finales con los cuales soñabas en tu infancia.

Los niños pueden ser más perspicaces que los adultos. Todos seríamos mucho más felices si nos dedicáramos a mirar al mundo tal como lo mira un niño. En una de mis presentaciones en Guadalajara, México, dos niños de unos ocho años subieron al estrado durante uno de los descansos. Uno de ellos había hecho dibujos de todo lo que yo había hablado. El otro me comentó que tenía un amigo que se sentía solo porque sus padres no estaban mucho tiempo en casa. Me dijo: «Yo quiero ayudarlo, ¿qué puedo decirle?».

Lo miré y le contesté: «Dile que Dios está con él en todo momento, y que eso es todo lo que él necesita. Él nunca está realmente solo». —Y luego le pregunté: «¿Crees que tu amigo lo entenderá?».

Y el niño respondió: «Claro que sí. Se lo diré».

¿Lo ves? Ni siquiera cuestionó si Dios siempre está realmente con nosotros o no. No dudó de la posibilidad de que su amigo pudiera sentirse mejor al escuchar esas palabras. Subió al estrado con un corazón inocente y confió en el saber que le transmitían.

Después de hablar con los niños los invité a que se quedaran conmigo al frente de la sala. Una mujer levantó su mano y dijo: «Mabel, mataron a mi marido y yo estaba presente. No puedo quitarme esta imagen de mi cabeza».

Antes de que yo pudiera abrir la boca, uno de los niños le respondió. «Eso es porque usted la trae nuevamente a su mente y no quiere dejarla ir». Todos nos quedamos impresionados. No tuve necesidad de añadir nada más. ¿Lo ves? Los niños están mucho más preparados que los adultos para conectar con Cero y mantenerse en equilibrio. Ellos son nuestros maestros. Ellos *saben*. Necesitamos empezar a pensar cómo piensan los niños. Tenemos mucho que aprender de ellos.

Tengo la esperanza de que a esta altura ya hayas comenzado a experimentar Zero Frequency®. En el capítulo anterior has aprendido el poder de practicar la responsabilidad, y también que una simple decisión tomada con la mente consciente puede ofrecerte resultados inmediatos. Aceptar la responsabilidad es, en cierto sentido, un trabajo de adultos. Lo que estoy pidiéndote es que te conviertas nuevamente en un niño. Practicar la inocencia es una técnica que te ayudará a volver rápidamente a Zero Frequency®, y esto traerá mucha alegría a tu vida, ¡porque es divertido!

Libérate de las necesidades materiales

Cuando era una niña sabía que podía tener todo lo que deseara, y que no estaba sola. Creía en Dios, o en un poder superior. No puedo explicarlo con palabras; estaba segura de que Dios existía. Desde muy temprana edad supe que todo estaba en mis manos, que la vida dependía de nuestras creencias y de nuestros propios esfuerzos, que somos creadores de nuestra vida y no víctimas de nuestras circunstancias.

Yo fui la tercera hija de una familia emotiva y muy unida. La noche de Fin de Año era muy importante para nosotros. A medianoche brindábamos, llorábamos y nos besábamos llenos de amor y de gratitud. Cuando veíamos una película, cualquier cosa insignificante nos hacía llorar. Al mismo tiempo, yo era una niña tímida y tenía una autoestima muy baja, y esto me acompañó hasta que me convertí en una adulta.

Cuando me casé, mi marido y yo emigramos a los Estados Unidos. Su familia era más intelectual que la mía y solían criticarnos porque nosotros éramos demasiado sensibles para su gusto. Debido a mi baja autoestima, comencé a pensar que había algo malo en mi familia, que la familia de mi marido tenía razón y que nosotros estábamos equivocados. Influida por su forma de pensar, empecé a tener miedo del futuro y me identifiqué con su deseo de tener siempre lo mejor. Y así me introduje en la montaña rusa del mundo material. Teníamos una casa grande, pero siempre ahorrábamos para tener otra más grande y más nueva, y nada parecía ser suficiente. Comencé a perderme en el mundo mental y material; y me contagié del síndrome general del «no es suficiente», y de la necesidad de tener cosas materiales para sentirme feliz. Esa competencia feroz no tenía fin, porque siempre había algo más grande y más moderno para comprar. Era una constante fuente de ansiedad.

Allá donde vayas, las personas no son felices porque sienten que les falta algo. No tienen suficiente dinero, ni suficiente reconocimiento en el trabajo, ni suficientes posesiones, todas esas cosas que «hay que tener». Están atrapadas en el síndrome del «no es suficiente» porque ni se conocen ni se aceptan a sí mismas. Sienten que su valía personal, su identidad y su propósito en la vida están basados en lo que poseen.

A mí también me ocurrió lo mismo. Basaba mi autoestima en mi título y en mis posesiones, cuando en realidad funciona a la inversa. Cuando finalmente desperté e inicié mi camino espiritual, empecé a trabajar conmigo misma, reconectando y recordando. A medida que volví a ser yo misma, empezó a llegar a mi vida todo lo que yo podía necesitar o desear.

Hoy en día tengo una vida plena. Vivo en una casa adosada, que es muy agradable. Podría comprar una más grande; de hecho, mi antiguo yo hubiera comprado una casa más bonita, pero no la necesito. ¿Por qué habría de comprar una casa más grande? Para mostrar a los demás que estoy ganando mucho dinero. Estoy muy feliz en mi casa adosada. Me encanta, y estoy muy agradecida por tenerla. Esa es la diferencia. Antes buscaba cosas materiales que me hicieran feliz. Ahora simplemente las disfruto. Conduzco un buen auto, pero no tengo que gastar mi dinero en cambiarlo cada tanto por un último modelo. Tampoco necesito un auto más grande, disfruto del que tengo.

Cuando te mueves guiado por la *necesidad* de tener más cosas, cosas más grandes y mejores, te encuentras en un estado que produce ansiedad y que te dificulta conectar con Zero Frequency®. No obstante, para practicar la inocencia no tienes que renunciar a tus posesiones. Simplemente debes estar atento a tus necesidades. En los entrenamientos de Zero Frequency® suelo compartir una cita de Osho: «Si lo pierdes todo, lo ganarás todo». Luego explico que esto no significa que tengas que renunciar a tus posesiones para conseguir lo que deseas. De hecho, Osho vivió de una manera extravagante y disfrutó enormemente de las cosas materiales. Él no se refería a eso; se refería a que debes perder tus memorias, programas y creencias. El problema no reside en tener cosas materiales, sino en darles prioridad.

Y otra cosa que debemos tener en cuenta es que cuando nos marchamos no nos llevamos nada con nosotros. Ahora decimos «mi casa» y «mi auto», pero todo es prestado. Abandonamos esta tierra sin llevarnos nada. La mayor parte de nuestra vida estamos pensando en nuestras posesiones materiales. Es maravilloso tomar consciencia de que no tenemos que preocuparnos por conseguir cosas materiales ni poseerlas. Podemos sencillamente disfrutar de ellas.

Hay un refrán que dice que no es más rico quien más tiene sino quien menos necesita. Ser rico es necesitar menos, ¡porque las riquezas están dentro de ti!

Libérate de las comparaciones

Si eres como la mayoría de la gente, probablemente te compares con los demás. Todos lo hacemos. Te preguntas por qué tú no tienes la suerte que tienen otros. Algunas veces te sientes inferior o no te sientes suficientemente bueno, en ocasiones te sientes deprimido, y en ciertos momentos sientes envidia. Consideras que el mundo es difícil, y sientes que te ignora y que está contra ti. En otras ocasiones no puedes comprender cómo puede ser que las personas que tienen menos talento que tú tengan éxito. Te preguntas por qué no puedes cumplir las expectativas que tenías para tu vida. Sientes que no das la talla. El abanico de resultados de las expectativas frustradas no tiene fin.

Hacer comparaciones es en vano. Quizás otras personas tengan más dinero o un auto más grande que el tuyo. Bueno, quizás ellos necesiten *eso* para cumplir con sus objetivos. Si tú has venido aquí a pintar una casa, ¿por qué Dios te daría una pluma elegante y un escritorio en vez de una buena brocha? Si tú no confías en tu talento, entonces te compararás con los demás y te lamentarás: «¿Por qué yo no recibo la pluma y el escritorio?».

Todo lo que encontramos en nuestra vida siempre, y quiero decir siempre, es perfecto y está allí por nuestro propio bien. Si tú consideras que tu trayectoria vital ha sido diseñada antes de tu nacimiento en favor de tu evolución, y si lo que atraes inadvertidamente a tu vida se basa en tus memorias, todo puede servirte como una oportunidad para soltar. No hay lugar para la «mala suerte». Pero para eso debemos vaciar nuestra mente de todos los pensamientos obsesivos, ideas, conceptos y expectativas.

No critiques ni te quejes. No te compares con otras personas. Prepárate para tomar conciencia, deja caer el pesado equipaje que has estado llevando contigo durante toda tu vida , y di *gracias*. Di *gracias* por ese compañero insoportable, por tu jefe gruñón, por el empleado incompetente, por una relación rota, por tu cuenta bancaria cada vez más menguada, y por haber sido despedido. Y, por supuesto, di *gracias* por todos los aspectos «buenos», «positivos» y agradables de tu vida. Di *gracias* por todo y por todos en todo momento. No puedes imaginar cómo pueden cambiar las cosas. De hecho, no tienes que imaginarlo, ¡dedícate simplemente a experimentarlo!

El perdón te hará libre

¿Has notado con qué facilidad piden perdón los niños? Cuando dos niños tienen un problema, cinco minutos más tarde ya están jugando juntos otra vez. Se olvidan de su conflicto, empiezan otra vez a ocuparse del trabajo más importante del día: ¡jugar y disfrutar de la vida!

Perdonar es la posibilidad de un nuevo inicio. Cuando perdonas fácilmente, vuelves a Zero Frequency® *fácilmente*. Y cuando estamos en Cero, todo es posible. ¿Comprendes cómo funciona? Cuando estamos en Cero somos niños otra vez; estamos abiertos, somos flexibles y curiosos, y no tenemos resentimientos, preocupaciones ni expectativas.

Si eres consciente, si sabes quién eres en verdad, no tendrás ningún problema en perdonar, a ti mismo y a los demás. Es más fácil de lo que crees. No necesitas aprender porque hemos nacido sabiendo cómo hacerlo, es algo que poseemos de manera natural.

En Ho'oponopono no necesitas decir al otro que lo perdonas. Esto se debe a que lo que vemos fuera de nosotros son solamente nuestros pensamientos relacionados con las personas o situaciones que nos rodean. No hay nadie allí fuera que esté haciéndote algo. Nada de lo que sucede ahora tiene que ver con lo que está pasando en este momento. Todo es cuestión de memorias y programas, y tú eres el único que puede borrarlos. Las personas que hay en tu vida llegan para darte una nueva oportunidad para perdonarte desde el fondo de tu corazón y liberarte.

En Ho'oponopono perdonar es un trabajo interior, y es mucho más fácil que decirle a alguien que lo perdonas. En vez de concentrarte en una afirmación verbal o escrita que exprese arrepentimiento, trabajas con lo que ya existe dentro de ti, y con los pensamientos que tienes en relación con las otras personas o con una situación en particular. Cada vez que esas situaciones aparecen en nuestra vida, en Ho'oponopono repetimos mentalmente: «Lo siento. Por favor, perdóname por lo que hay en mí que ha creado esta situación». Aceptamos la responsabilidad –y no la culpa– al cien por ciento para poder liberarnos y volver a Zero Frequency®.

Este es un trabajo interior, simple pero a la vez tremendamente efectivo, porque lo que se borra de nosotros también se borra de los demás; especialmente de nuestra familia más cercana, del resto de nuestros familiares, e incluso de nuestros antepasados.

Como es evidente, lo más importante es perdonarnos a nosotros mismos. En Ho'oponopono nunca sabemos con qué memorias estamos trabajando. A través de este proceso permitimos que esa parte de nosotros que sabe perfectamente de qué estamos preparados para deshacernos lo borre de nuestra vida momento a momento. Todos tenemos pensamientos que nos limitan, y podemos no ser conscientes de ellos. Son pensamientos que se convierten en obstáculos que nosotros mismos ponemos en nuestro camino, como por ejemplo: «No me lo merezco», «No tengo estudios suficientes» o «Nací pobre y moriré pobre». Esos pensamientos están en un nivel subconsciente, sin embargo nos controlan y toman decisiones en nuestro nombre todo el tiempo. Muchos de esos pensamientos proceden del mal hábito de compararnos con los demás, e intentar ser perfectos.

El dolor es inevitable, pero el sufrimiento es opcional. No tiene nada que ver con lo que te han hecho o dicho. Un problema es un problema solamente si tú dices que lo es. De hecho, el problema no es el problema. El problema real es tu forma de reaccionar en esa situación. Cuando tú perdonas como un niño, te liberas del problema y abres posibilidades para que se produzcan nuevas conexiones y nuevas aventuras.

Observarás que en la mayoría de las filosofías antiguas el perdón es una de las claves para experimentar la paz y la felicidad que todos anhelamos; porque perdonar nos libera. Perdonar también abre la puerta a la prosperidad. Piensa en ello. ¿Cómo puedes tener una vida verdaderamente próspera si estás atrapado en las memorias y las emociones del pasado? ¿Cómo puedes ver un camino hacia la verdadera abundancia cuando estás centrado en los senderos truncados que una vez recorriste?

Seguramente habrás escuchado alguna vez el soberbio aforismo «El resentimiento es como beber veneno y luego esperar que la otra persona muera». Hay diferentes versiones sobre su autoría, sin embargo parece ser que proviene de una publicación de Alcohólicos Anónimos firmada por Emmet Fox. Si esta filosofía puede ayudar a las personas a liberarse del caos de la adicción, ciertamente puede ayudarte a que te liberes de tu propio dolor. Cuando te niegas a perdonar a alguien, llevas contigo a esa persona y los sentimientos que ella te despierta durante el resto de tu vida, o hasta que *llegues a* perdonarla.

Me encanta el siguiente pasaje del libro *Jesus, CEO: Using Ancient Wisdom for Visionary Leadership* [Jesús, CEO: El uso de la sabiduría antigua para ser un líder visionario], de Laurie Beth Jones: «El perdón es como el combustible de un motor. Hace que las ruedas se muevan. Perdonar es como la gravedad... invisible en su poder pero profunda en sus efectos».

¿Por qué esperar? Empecemos ya mismo a perdonar.

Volver a ser niño

Hace dos años estaba dando una conferencia en Belgrado, Serbia, y una niña de diez años levantó su mano para preguntar: «Mabel, ¿podemos hablar con los animales?».

Yo la miré y le respondí con una pregunta: «¿Por qué lo preguntas? ¿Tú puedes hablar con los animales?».

«Sí», contestó.

«No cambies nunca —le dije—. Atrévete a ser diferente. —Y luego señalé a los cientos de personas de la audiencia y añadí—: Ellos no pueden hablar con los animales y se consideran "normales". Tú tienes razón y todos ellos están equivocados. Confía en ti misma. No preguntes a los demás».

Pablo Picasso afirmó en una ocasión: «Todo niño es un artista. El problema es cómo seguir siendo artistas una vez que crecemos». Muchos artistas vuelven al mundo de su infancia como inspiración para sus ideas y trabajos. Y esto funciona para todo el mundo, no solo para los artistas. Cuando éramos niños veíamos posibilidades infinitas en colores, texturas y sonidos interminables. El mundo está lleno de magia y promesas. Pero al crecer estamos tan inmersos en nuestro propio camino, que nuestra mente está cerrada y es incapaz de concebir nuevos conceptos e ideas. Aunque el mundo cambia cada día, no estamos dispuestos a adaptarnos, a ser más flexibles, y a ver las cosas con nuevos ojos. Nuestra visión se ha velado debido a las diversas capas de condicionamientos. A menudo nos cerramos hasta tal punto que ni siquiera podemos reconocer una buena idea cuando la tenemos frente a nosotros o cuando alguien la expone en nuestra presencia.

La hija del doctor Wayne Dyer, Saje Dyer, tenía cinco años cuando su cara se llenó de verrugas planas. Después de mucho tiempo de sufrimiento y muchas visitas al médico, su dermatólogo le recomendó como última opción unos tratamientos muy agresivos. Dado que dichos tratamientos producían efectos negativos duraderos, sus padres se negaron a que la niña los probara. Ellos le sugirieron que hablara con su enfermedad, ¡y ella lo hizo!

Saje dijo: «*Te amo* y aprecio el motivo por el que estás aquí, pero ya no podemos seguir estando juntas, tienes que marcharte».

Al cabo de cuatro días, ¡las verrugas habían desaparecido por completo! Ella decidió no seguir resistiéndose a ellas, ¡y simplemente les mandó amor!

Más tarde Saje afirmó: «Cuando somos adultos deseas algo intensamente, pero no lo haces realidad en tu vida. Sin embargo, siendo una niña yo supe que iba a funcionar, que los bultos que había en mi cara iban a desaparecer porque mis padres me lo habían dicho, y yo confiaba en ellos. Cuando hablé con mis verrugas por la noche, no tenía ninguna duda de que iba a funcionar, y no tenía miedo de tener que volver a visitar al médico. Mis padres me sugirieron que hablara con mis verrugas, y yo consideré que esa era la tercera opción del tratamiento. Cuando somos adultos deseamos algo intensamente, y tememos no poder conseguirlo. No se pueden materializar los sueños de esa manera. Esto es lo que aprendí cuando era una niña. Incluso ahora cuando quiero algo, y no parece funcionar, recuerdo cuando era una niña y estaba convencida de que iba a conseguir todo lo que deseaba».

Cuando somos niños no nos dejamos llevar por los pensamientos obsesivos. Ese tipo de pensamientos indican que tenemos problemas debido a decisiones y experiencias previas. Y eso significa vivir en el pasado y en el futuro, y también que no confiamos en nosotros mismos. Sin embargo el mundo de la infancia está lleno de magia, porque la magia requiere vivir el presente, momento a momento. ¡Así es cómo viven los niños, y como nosotros también podemos vivir! Podemos ser adultos y ocuparnos de nuestros «negocios» y al mismo tiempo mantener una actitud «feliz» frente al mundo —como la de los niños— y tener una visión renovada momento a momento, día tras día.

Volver a ser niño es la magia que te devuelve a Zero Frequency®, el espacio de la conciencia pura e ilimitada con la que has nacido, y con la que has vivido en tu niñez. Ese niño está todavía dentro de ti, esperándote para reconectar. Aparta el intelecto del camino. Ten el coraje de dejar de interferir. Esto te llevará otra vez a tu núcleo interno, al sitio en el que despiertas y vuelves a descubrir la antigua sabiduría perdida de tu corazón, la sabiduría que has olvidado y que has reemplazado por el conocimiento intelectual. Y con esto no quiero decir que el conocimiento no sea importante, pero nunca debería reemplazar la alegría y la magia de actuar como niños: desinhibidos, alegres y llenos de promesas.

Conecta con ZERO *frequency*

Tal vez conozcas el dicho «Canta como si nadie estuviera escuchando, baila como si nadie estuviera mirando, y vive como si el paraíso estuviera en la tierra». Vuelve a conectarte con la libertad y lo ilimitado que, como en una época sabías muy bien, es una forma efectiva de entrar en Zero Frequency®. Tu niño, o niña, no se ha ido del todo, y tú serás un verdadero adulto cuando recuperes a ese niño que hay en ti. Mejor aún, serás capaz de experimentar más la magia de la vida cuando salgas de tu zona de confort y sueltes a tu niño, cuando vuelvas a ser inocente y estar feliz otra vez.

A continuación incluyo algunas prácticas que te ayudarán a volver a ser niño:

1. Intenta recordar qué era lo que solías soñar. ¿Cuáles eran tus sueños cuando eras pequeño y no tenías miedo? ¿Cuáles eran tus sueños antes de olvidarte de tu niño interior y parecerte a todos los demás? ¿Cuáles eran tus sueños cuando sabías que todo era posible? Prepárate para abrirte y reconectar con ese niño que hay dentro de ti.

2. Vuelve a conectarte con aquello que te gustaba: come las cosas que te gustaba comer cuando eras niño. Sal a dar un paseo y ve dando saltitos parte del camino. Mira las películas que te gustaba ver entonces. Juega en la playa, o en un gran cajón de arena. Haz cosas. Construye cosas. Colorea tu mundo.

3. Si tienes hijos, juega más con ellos. Siéntate al mismo nivel que ellos, no impongas jerarquías, no des órdenes, sencillamente JUEGA. Si no tienes hijos, ve a un parque o algún otro lugar donde puedas observar a los niños mientras juegan y aprender de ellos. Jugar con tus mascotas también es una buena forma de conectar con tu niño interior. No te preocupes por lo que piensan o dicen otras personas cuando te ven jugar.

4. Ríete todo lo que puedas. ¡Y no te olvides de respirar!

Puedes encontrar más recursos de Zero Frequency® en: www.zerofrequency.com/recursoslibro.

Capítulo 6

Practica hacer actos de fe

La confianza en uno mismo es el primer secreto del éxito.
Ralph Waldo Emerson

Después de divorciarme me mudé a una hermosa casa que en aquel momento realmente no podía pagar. Pero en cuanto la vi, supe que Dios la había encontrado para mí. La casa tenía tres plantas, lo que nos ofrecía la posibilidad de que mis hijos ocuparan una de ellas, que hiciéramos la vida común en otra planta, y que yo tuviera un espacio donde trabajar en la tercera. El terreno que la rodeaba era increíble, tenía un hermoso jardín, una piscina y unos senderos encantadores. Mi maestro solía decir: «Quien haya diseñado este jardín estaba enamorado». ¡Totalmente cierto! La casa era el lugar perfecto para mi nueva vida.

Una amiga me había sugerido que viviéramos juntas con el fin de poder disfrutar de una casa más bonita. El alquiler era de casi dos mil dólares por mes. Antes de firmar el contrato, mi amiga cambió de idea. La decisión «sensata» hubiera sido encontrar otra casa que se ajustara a mi presupuesto. Sin embargo, decidí seguir adelante. Firmé el contrato pensando que encontraría otra persona que me ayudaría a pagar el alquiler.

Pero no encontré a nadie.

Poco después empezó a entrar más dinero en mi estudio de contabilidad, tanto que no *necesité* compartir la casa.

Si te cuento esta historia no es para inspirarte a alquilar o comprar algo que no puedas permitirte, sino para mostrarte que cuando tienes fe, Dios te da. Yo no esperé a tener suficiente dinero para pagar la casa; me dejé guiar por mi corazón y no por mi mente. Confié en mí misma y decidí hacer un acto de fe.

Cuando me divorcié, me dije: «No necesito ser propietaria de una vivienda para ser feliz. Puedo alquilar una por el resto de mi vida». En aquel momento no consideré el hecho de que cuando alquilas una casa, debes marcharte si el dueño decide ponerla en venta. Y eso fue exactamente lo que sucedió. El propietario me dijo: «Mabel, sé que te encanta este lugar, pero debo decirte que lo voy a poner en venta. Te lo comunico por si quieres comprarla».

Como es natural yo quería quedarme en esa preciosa casa. No tenía suficiente dinero para el pago inicial, y no podía solicitar una hipoteca porque no tenía un historial suficientemente prolongado de ingresos estables. Sin embargo, había estado practicando la confianza en mí misma durante muchos años, de manera que hice otro acto de fe. Pensé: «Si Dios quiere que yo me quede en esta casa, Él conseguirá que me den una hipoteca. Si no la consigo eso querrá decir que Dios tiene destinado un sitio mejor para mí». Ni siquiera tuve que ir a pedir un préstamo. ¡Un gestor comercial me llamó para ofrecerme su ayuda! Conseguí el dinero y la casa fue mía.

Estas cosas pueden ocurrirle a cualquier persona, incluso a ti. Pero hay un secreto: necesitas practicar la autoconfianza. Cada vez que observes que te estás preocupando por algo, o que estás pensando demasiado en algo, debes hacer un acto de fe y darle permiso a Dios para que intervenga.

En el capítulo uno compartí la historia de la reconexión conmigo misma cuando me di permiso para volver a confiar en mi corazón y dejarme guiar por él. Volví a aprender a tomar decisiones desde la Inspiración y no desde mi intelecto (ego). Tomé decisiones «ilógicas», y adivina qué pasó: esas decisiones me ofrecieron los mejores resultados. Cuanto más practicaba la confianza en mí misma, más proveía Dios. Entonces hice un acto de fe detrás de otro: primero me divorcié, luego monté mi propio estudio de contabilidad, más tarde abandoné mi próspero negocio para ayudar a los demás a través de conferencias, seminarios y libros. A lo largo del camino hubo muchos otros actos de fe, demasiados como para contarlos. Todos ellos —sí, todos ellos— en última instancia trajeron mayor felicidad, paz y abundancia a mi vida.

Cuando decidí abandonar mi profesión como contadora y dedicar mi vida a ayudar a otros a ser más felices y tener vidas más exitosas, lo lógico hubiera sido comenzar en el momento en que dispusiera de una cantidad razonable de ahorros. Y a pesar de que esas no eran mis circunstancias, de cualquier modo tomé la decisión. En realidad, cambiar una carrera exitosa por una completamente diferente sin ninguna garantía de que fuera a funcionar era todavía más «ilógico», pero yo estaba convencida de que era la opción correcta para mí.

¿Y qué fue lo que me permitió tener tanto «coraje» para hacer todo esto? Una sola cosa: la confianza. Valoraba mi vida y sabía que mis decisiones no se basaban únicamente en mi propio beneficio, sino en el beneficio de todos. No «se trataba de mí», porque cuando hacemos un acto de fe y dejamos que la divinidad nos guíe, todo el mundo sale beneficiado por esa decisión.

La palabra mágica es «confiar»

Como nada de lo que sucede es una mera coincidencia, un día recibí inesperadamente un audio gratis de Napoleon Hill. Napoleon Hill fue uno de los primeros autores que escribió sobre el éxito personal y el autoperfeccionamiento. Hay muchos talleres de desarrollo personal que están basados en sus enseñanzas, especialmente los relacionados con técnicas mentales, como por ejemplo la Programación Neurolingüística (PNL).

En el audio, Napoleon Hill habla de temas espirituales diversos y de algunos conceptos como la abundancia y el éxito, que hoy en día se han convertido en el tema central de muchos líderes espirituales, autores y conferencistas. Después de escuchar ese audio, comencé a leer los trabajos de Napoleon Hill, y encontré algo muy interesante sobre la confianza. Hill considera que es esencial para el éxito. Afirma que la confianza es una de esas cosas que no se puede enseñar, pero que puede desarrollarse por autosugestión. Primero debemos comenzar a confiar, y cuanto más practiquemos la confianza, más nos «hipnotizamos» a nosotros mismos, y más se convierte en nuestra segunda naturaleza.

Confiar se convirtió en mi práctica. Cada vez que escuchaba esas pequeñas voces que me decían que no era lo suficientemente buena o que no era capaz de hacerlo, o cuando me encontraba en una situación difícil que me intimidaba, detenía todas las historias que había en mi mente diciéndome: «¡Voy a soltar y confiar!». ¡Yo ya había practicado la autosugestión sin saberlo!

Napoleón Hill ofrece un ejemplo un poco macabro, pero muy interesante, para ilustrar cómo funciona la autosugestión. Afirma que quienes matan por primera vez tienen una sensación insoportable. Sienten una tremenda angustia. Cuando matan una segunda vez, se sienten incómodos, aunque no tanto como en la primera ocasión. Y una vez que han matado muchas veces, no sienten nada. Matar no les afecta en absoluto. De modo que, ¿por qué no utilizar el poder de la autosugestión para atraer una vida de paz y felicidad? Te aconsejo que lo pruebes, porque cuando empiezas a confiar encuentras la felicidad y la paz que estabas buscando. Y las personas tranquilas y felices son las que tienen éxito, sin lugar a dudas.

¡Confiar es una decisión y una práctica! Nuestras decisiones tienen consecuencias en nuestra vida. Cambiamos nuestros destinos en cualquier momento dado, según cuáles sean nuestras decisiones. Podemos elegir reaccionar o no reaccionar, soltar o resistirnos. ¡Esa es la cuestión, y ese es el secreto!

Yo encontré a Dios en cuanto comencé a confiar en mí misma. Para mí, Dios es la parte que hay dentro de mí que más sabe. Es mi conexión con la danza y con la sabiduría de todo el Universo. ¡Él también está en ti! Cuando alguien no cree, yo le pregunto: «¿Quién imaginó el cuerpo humano, las flores y los océanos?». No tiene ninguna importancia qué nombre le des, pero debes ser consciente de que hay una mente más inteligente que la tuya. Tienes que darte cuenta de que tú no sabes, y ser humilde.

¿Has observado alguna vez cuánto confiamos en lo negativo? Sabemos que la vida puede ir a peor en un instante. Aceptamos la posibilidad de que podemos sufrir un accidente, padecer cáncer, o morir repentinamente. ¿Y entonces por qué no podemos confiar en lo positivo? ¿Por qué no confiamos en que nuestra vida puede cambiar a mejor en un instante? Si estamos presentes y conscientes, y confiamos en nuestra propia sabiduría, definitivamente nuestra vida será mejor, momento a momento.

¿Qué estás esperando?

¿Recuerdas la historia de las hermanas rumanas Katya y Sylvie? Katya llegó al seminario de Ho'oponopono con la esperanza de que yo «solucionara» la discapacidad mental de Sylvie. Es posible que recuerdes que al acabar el entrenamiento de Zero Frequency® las dos hermanas bailaron con todos los demás asistentes. Lo que no comenté fue otra conversación que mantuve con Katya al final de ese mismo día.

«Sabes, Mabel —me dijo—, siempre quise ser una bailarina pero mi padre no me dejó». Katya siguió explicándome que ella pensó que debía buscar una profesión más «seria». Entonces estudió medicina.

«Pero ahora estoy decidida —añadió Katya—. Voy a empezar a bailar».

«Maravilloso —le contesté—. Lleva a tu hermana contigo. Eso va a ser muy importante para las dos, van a disfrutar mucho juntas».

Ahora ya estoy habituada a escuchar declaraciones similares. Muchas personas vienen a mis clases y entrenamientos de Zero Frequency® con un nuevo compromiso con la alegría, que a menudo implica retomar un antiguo deseo. Lo que me sorprendió de la respuesta de Katya fue lo que me dijo a continuación. «Lo que quiero decir, Mabel, es que me voy a dedicar a ser una bailarina profesional. Sobre el escenario».

Katya parecía rondar los cincuenta años, y había decidido convertirse en una bailarina profesional en una etapa de la vida en la que muchos bailarines ya se han retirado. ¿Y por qué no? Mi sorpresa ante su respuesta puso de manifiesto mis propias ideas preconcebidas acerca de los bailarines profesionales. ¿Quién va a decidir si Katya puede o no puede hacer realidad su sueño? Ese día, ella volvió a apasionarse con algo que en una época había sido la fuente de su mayor alegría, y hay un gran poder en una búsqueda feliz. En sus ojos pude ver que no tenía ninguna duda de que ella llegaría a bailar sobre un escenario algún día.

A menudo tomamos decisiones basadas en la duda y en la falta de confianza en nosotros mismos. No nos queremos ni nos aceptamos. Una y otra vez esperamos que la aceptación llegue desde el exterior. Como es evidente, si dentro de nosotros mismos no hay aceptación ni confianza, ¿qué podemos esperar del mundo exterior?

Cuando confías en ti mismo, también confías en la vida porque, después de todo, estás aquí como una expresión de la vida misma, y la vida no cree en el despilfarro. No ha hecho el esfuerzo de traerte aquí por ninguna razón. Dios (el Universo) conoce tus talentos y está esperando que te decidas a manifestarlos. Estos talentos nunca son insignificantes, aunque las circunstancias de la vida pueden hacer que los percibas de ese modo. No obstante, si sigues el deseo de tu corazón y basas tus decisiones en la confianza, recibirás recompensas.

Tal vez la historia de Stephen King te inspire. Este exitoso escritor ha vendido más de tres millones de libros. En su libro *Mientras escribo* (*On Writing)* explica su trayectoria como escritor. Allí nos cuenta que cuando todavía era un adolescente tenía pegadas en la pared de su habitación las cartas de rechazo de algunos editores. Cuando la chincheta ya no fue suficiente para sostener todas las notas de rechazo, King la sustituyó por un gancho y siguió escribiendo. Está claro que, como muchos otros empresarios de éxito, tenía una confianza inquebrantable en sí mismo. Espero que tú también desarrolles la confianza que necesitas.

¡Recuerda que tú estás aquí por una razón, y eres único! Nunca dejes de reconocer la luz que hay en tu interior, y nunca subestimes tus talentos. Espero que decidas superar tus miedos y dudas para tener la fuerza de empezar a confiar, y la fuerza y la energía para seguir tu llamada. El mundo está esperándote.

En 2015, Karmen, la encargada de organizar mis eventos en Croacia me escribió: «Mabel, el editor que tienes aquí dice que no hay tiempo suficiente para publicar tu último libro antes de que llegues a presentarlo en Zagreb. ¿Qué te parece si lo publico yo misma?».

«Adelante», le respondí.

Karmen había organizado una conferencia gratuita para presentar el libro en Zagreb. Yo tenía que hablar sobre mi libro y firmar ejemplares. Nada más llegar, ella me entregó una copia de mi libro. Esa fue la primera vez que vi el libro impreso en lengua croata. Estaba editado con mucha profesionalidad y era un libro hermoso. Karmen había hecho un gran trabajo.

Mientras estaba dando la conferencia de pronto comenté: «¡Miren el gran trabajo que ha hecho Karmen! ¿Y saben que es lo más interesante de todo esto? ¡Que ella no es una editora profesional, y yo no soy una escritora profesional!». ¿Acaso esto no es una ironía? El editor «profesional» nos había comunicado que el libro no se podría terminar a tiempo. Y allí estaba yo con el libro en mis manos, frente a todas aquellas personas, sin tener ninguna formación para escribir libros ni para hablar en público.

De manera que la pregunta que les formulé, y que ahora voy a formularte a ti, es la siguiente: ¿Qué estás esperando? ¿Qué crees que es lo que te falta, y cuál crees que es el impedimento para hacer lo que realmente te gusta y quieres hacer?

Deja de pensar y salta, porque Dios sabe exactamente «cómo» lo vas a hacer. Él simplemente está esperando que tú des el primer paso. Tienes que salir de tu zona de confort, sentir el miedo, y luego seguir delante de cualquier modo. Créeme, cuando confías y deseas algo con todo tu corazón y estás dispuesto a hacer lo que sea por conseguirlo, todas las piezas caen en su sitio y todo sucede sin esfuerzo. Mirarás hacia atrás y no darás crédito a tu vida. Sentirás que no has tenido que hacer demasiado esfuerzo.

¿Qué es lo que te está diciendo tu mente (la loca de la casa)? ¿Piensas que no tienes suficiente educación? ¿Suficiente dinero? ¿Todavía sigues «pensando» en ello? ¿Todavía sigues escuchando lo que otras personas dicen que deberías hacer, y creyendo en ellas? No hay nada que pensar, nada que saber, ni nada de qué preocuparse. Tú ya tienes todo lo que necesitas para cumplir tu misión, porque cuando utilices tus talentos innatos sabrás lo que estás haciendo y por qué lo estás haciendo; te sentirás feliz, y estarás haciendo algo por el bien de todos, porque tú cuentas. Y, por favor, no te preocupes por el «cómo». La Divinidad lo sabe y simplemente te está esperando.

Conecta con ZERO *frequency*

El mensaje es que debemos despertar y tomar conciencia de quiénes somos en realidad. ¿Pero por dónde empezar? Esta es la pregunta que me hacen muchas veces. El primer paso es tan fácil como lo siguiente: decídete a confiar y comienza a practicarlo. Comprendo que esto es exactamente lo contrario a lo que has estado haciendo. Sé que estoy pidiéndote que confíes en lo desconocido, y al principio esto puede ser muy incómodo y al mismo tiempo producir mucho temor. Pero, créeme, pronto se convertirá en una segunda naturaleza, y cuando realmente confíes y sueltes te encantarán los resultados. Y también estarás transmitiendo un mensaje claro para tu niño interior sobre lo que ahora estás eligiendo y practicando. La claridad es fundamental. He aquí algunas sugerencias para ayudarte a empezar a hacer actos de fe:

1. Repite mentalmente: «Suelto y confío; suelto y confío». Lo que estás haciendo se llama autosugestión. Esto significa que estás eligiendo conscientemente soltar y confiar momento a momento. Si eres consciente, tomarás decisiones diferentes, no reaccionarás impulsivamente, y tus decisiones y actos procederán *de la parte de ti que más sabe*: inspiración, en vez de programación. Esta es la forma de soltar y permitir que Dios actúe, la forma de comenzar a desarrollar la fuerza de la confianza.

2. Concédete permiso para recibir la Inspiración a través de todo tu ser. Deja que llene cada una de tus células y penetre a través de cada uno de tus poros. Si sientes el estímulo, la Inspiración, ¡*confía en ella*! No prestes atención a tu ego, suelta y pronto estarás preparado para embarcarte

en la aventura. Las condiciones serán las adecuadas; no hay nada que necesites saber. Esta parte especial de ti «sabe lo que tienes que hacer». Tú solo debes estar atento para asegurarte de no perder las oportunidades que se presentan en tu camino. Mantente abierto, alerta y flexible.

3. Joseph Campbell dijo: «La fórmula general que transmito a mis estudiantes es "Persigue tu felicidad". Encuéntrala allí donde esté y no sientas temor de ir tras ella». Permanece todo el tiempo que puedas en el estado Zero Frequency®, ese estado en el que simplemente fluyes. Un estado que se produce cuando estás feliz sin tener ningún motivo aparente. Es semejante al estado que se alcanza en la meditación, desde donde se puede observar y disfrutar. Las sensaciones que despierta este estado varían de una persona a otra. Para llegar a él, solo necesitas decir «PARA» cuando te das cuenta de que estás buscando la felicidad en el mundo exterior. Disfruta del mundo exterior. Juega a entrar y salir de este estado, diviértete y no permitas que tu estado emocional te afecte. «PARA» y vive el momento presente, y permite

que la Divinidad organice las cosas de una forma perfecta para ti.

4. Practica el ejercicio de la «mecedora». Imagina que tienes noventa años y estás sentado en una mecedora reflexionando sobre tu vida. Te sientes relajado y satisfecho, contento con todas las decisiones que has tomado. Has conseguido y vivido todo aquello con lo que has soñado, y ahora que estás recordando todos esos momentos especiales te sientes feliz. Retrocede hasta los momentos que te hicieron sonreír. Recuerda de qué manera utilizaste tus talentos únicos, y cómo la confianza marcó una diferencia en tu vida. Imagina que tu ser de noventa años puede hablar contigo *ahora*. ¿Qué te diría? ¿Qué te aconsejaría? Ahora habla contigo mismo sobre el impacto que tú has ejercido en el mundo. ¿Cuál es el legado que has dejado a los demás?

5. Respira profundamente y relájate. Visualízate disfrutando de una puesta de sol sobre el océano. Una persona joven viene hacia ti. A medida que se acerca te das cuenta de que es la versión adolescente de ti mismo. ¿Qué consejo le darías a ese ser tuyo más joven? ¿Qué es lo que le ayudaría a

sentirse más feliz? ¿Confiar más? ¿Experimentar más en la vida? ¿Ser libre?

Puedes encontrar más recursos de Zero Frequency® en: www.zerofrequency.com/recursoslibro.

Capítulo 7

Practica la gratitud

*La gratitud no solamente es la mayor de las
virtudes, es la madre de todas las demás.*

Cicerón

¿Conoces la historia de Dios y el zapatero? Algunas veces se cuenta como la historia de Jesús y el zapatero, y en algunos casos también cambian algunos detalles sin importancia, pero el significado siempre es el mismo. La historia transcurre del siguiente modo:

Dios asume la forma de un indigente y se dirige a la tienda del zapatero. Al entrar le pide que repare los zapatos que lleva puestos. Le dice: «Soy tan pobre que solamente tengo un par de zapatos y, como usted puede ver, están rotos e inservibles. No tengo dinero para pagarle la reparación, ¿me los arreglaría de todas formas?».

El zapatero le contesta: «No trabajo gratis. Yo también soy pobre y la reparación me costará dinero».

«Soy Dios —responde el hombre sin hogar—. Si arregla mis zapatos puedo darle todo lo que quiera».

El zapatero no le cree. Entonces dice: «¿Puede darme el millón de dólares que necesito para ser feliz?».

Y Dios le dice: «Puedo darle un millón de dólares pero a cambio usted me dará sus piernas».

«¿Y de qué me sirve tener un millón de dólares si no tengo piernas?».

Dios responde: «Puedo darle cinco millones de dólares si me da sus brazos».

«¿Y qué haría yo con cinco millones de dólares si ni siquiera podría comer por mis propios medios?».

Dios le contesta: «Puedo darle cincuenta millones de dólares si me da sus ojos».

El zapatero se siente cada vez más inquieto, y responde: «¿Y qué haría yo con tanto dinero si no podría ver el mundo, ni tampoco las caras de mi esposa y de mis hijos?».

Entonces Dios sonriendo afirma: «Oh, hijo mío, ¿cómo puede decir que es pobre? Le he ofrecido cincuenta y seis millones de dólares a cambio de las partes más sanas de su *cuerpo y no los ha aceptado. ¿Acaso no ve que es rico y ni siquiera se ha dado cuenta?».*

Igual que el zapatero, a menudo no reparamos en todo lo que ya tenemos. Definimos estrictamente la riqueza sin advertir cuán ricos somos en realidad. Ricos en amor, en salud, en amistad, en pasión, en naturaleza, en belleza y en tiempo. El zapatero no se había dado cuenta de todo lo que tenía que agradecer. Y tampoco de que su vida, a pesar de su pobreza económica, podría haber sido mucho, mucho peor. Rara vez apreciamos lo que tenemos hasta que nos vemos privados de ello, o hasta que se presenta una eventualidad por la que tendremos que renunciar a ello.

Practicar la gratitud nos impone reconocer todo lo que tenemos, y apreciarlo. Ser agradecidos. Cuando practicas la gratitud, independientemente de cuáles sean tus circunstancias, te abres al campo de todas las posibilidades. Eso es Zero Frequency®.

Suele suceder que no nos sentimos agradecidos por lo que tenemos porque estamos siempre enfocados en aquello de lo que carecemos. Y en consecuencia, cuando la realidad no satisface nuestras expectativas, nos enojamos y cerramos nuestro corazón. Y al hacerlo somos incapaces de ver las maravillas de la vida.

Somos muy buenos para quejarnos y buscar culpables. Para hacer hincapié en todo lo que no funcionó bien en nuestra vida y en las ocasiones en las que fracasamos. Eso justifica que nos sintamos infelices y estancados. De cualquier modo, si nos detenemos un momento a mirar el cielo, un árbol, la sonrisa de un niño, o a sentir el aroma de una rosa, comenzaremos a apreciar la belleza que nos rodea. Podremos reconocer que somos muy afortunados, y nuestra vida comenzará a poblarse de cosas buenas. Damos por sentado la existencia de la vida y tendemos a olvidar el inmenso poder de la gratitud. No nos detenemos a valorar que podemos respirar sin ayuda artificial, que podemos estar de pie sin apoyo, o que tenemos brazos y no dependemos de nadie para bañarnos o vestirnos. Formar parte de este mundo es un gran privilegio y una gran oportunidad. Tenemos que encontrar la forma de reconocer y agradecer el mero hecho de estar vivos, más allá de cuál sea nuestra situación.

Agradecer requiere menos energía y menos tiempo que quejarse. Casi inmediatamente nos sentimos más ligeros, más felices, y nuestras sensaciones son muy diferentes a las que producen las quejas. La gratitud elevará tu vibración. Es el camino más rápido para conectar con Zero Frequency®.

¿Buena o mala suerte?

¿Has oído hablar de la historia de las tormentas y los cultivos? Es un relato maravilloso que ejemplifica a la perfección lo que significa vivir en el presente sin prejuzgar.

Cierto día, un agricultor le preguntó a Dios: «Por favor, déjame gobernar la naturaleza para que mis cultivos sean más rentables». Dios accedió a su pedido. Cuando el agricultor quería que lloviera, la lluvia llegaba. Cuando pedía que el sol brillara, así sucedía. Cualquiera que fuera el clima que el agricultor pidiera, lo recibía. No obstante, en el momento de la cosecha descubrió con sorpresa que todos sus esfuerzos no habían producido las riquezas que él esperaba.

El agricultor le preguntó a Dios por qué su plan había fracasado. Dios le respondió: «Tú pediste lo que deseabas, pero no lo que era necesario. Nunca pediste tormentas, que son necesarias para limpiar los cultivos, para mantener alejados a los pájaros y los animales que los destruyen, y para purificarlos de las plagas que acaban con ellos».

La moraleja aquí es que nunca sabemos si un acontecimiento es una bendición o una desgracia. De manera que lo mejor es no apegarse ni a una ni a otra, ni tampoco alegrarse por una y lamentarse por la otra. La realidad depende del punto de vista desde donde se mire. Recuerda que el intelecto no tiene la imagen completa; limítate a dar las *gracias* por todo lo que llega a tu camino y no te apegues a nada. Debes saber que los planes del Universo son siempre perfectos, y que no hay nada que pueda llamarse buena o mala suerte.

Una forma diferente de entender nuestros desafíos

Siente gratitud por las adversidades que se presentan en tu vida; siempre son una bendición enmascarada. No existen las coincidencias, no es casual que alguien sea tu jefe, tu compañero, o tu subordinado. Esas personas y situaciones no están ahí por azar, y cuanto más conflictiva sea tu relación con ellas, ¡mayor será la oportunidad, y también la recompensa, si nos permitimos fluir en vez de reaccionar!

Si hablamos del plan Divino para tu vida profesional y tu carrera, cualquier cosa podría ser una oportunidad para comenzar algo diferente, más acorde con los auténticos anhelos de tu alma y tus talentos más brillantes. Algunas veces, la única manera de seguir adelante es perderlo todo, o que te despidan, porque de lo contrario te sentirías demasiado cómodo y no actuarías por tus propios medios.

En un seminario que di en Barcelona, uno de los asistentes compartió una historia personal: «Sabes, Mabel, hubo una época en que yo era millonario, y luego lo perdí todo. En realidad, ahora debo un montón de dinero. Cuando era multimillonario lo único que hacía era trabajar, trabajar y trabajar. Me consideraba una persona muy importante, haciendo cosas muy importantes. Prácticamente no pasaba tiempo con mi hijita porque estaba demasiado ocupado haciendo cosas "importantes". ¿Y sabes qué, Mabel? Ahora comparto mucho más tiempo con ella, ¡y son momentos realmente valiosos para mí! Estoy muy agradecido. Me conecto con la naturaleza. Valoro cosas que nunca antes había apreciado».

¿Quieres progresar? ¿Quieres atraer grandes cosas a tu vida? Empieza por ser agradecido. Agradece las cosas buenas, pero también las malas. Acepta las adversidades. Ellas pueden fortalecerte, hacer de ti una mejor persona y abrirte nuevas puertas.

Hubo un episodio del programa de Oprah Winfrey que me impresionó tanto que todavía lo recuerdo. Ella había invitado a un matrimonio. El marido había sido despedido de su trabajo. Cuando llegó a su casa y se lo comentó a su mujer, ella le dijo: «Vamos a abrir una botella de champán y a celebrarlo». Y además añadió que era mejor no contárselo a nadie. Una semana más tarde, a su marido le propusieron un nuevo trabajo mucho mejor remunerado. El nuevo trabajo le gustó mucho más que el anterior y lo disfrutó enormemente. ¡Y todo esto sucedió en medio de la gran recesión!

Como ves, si sueltas en vez de quejarte, preocuparte y hablar de ello, Dios obra milagros. Pero, por favor, no esperes a perderlo todo ni a tocar fondo para darte cuenta de qué es lo verdaderamente importante en la vida. Ya has comenzado a practicar la responsabilidad, de modo que esto te resultará más fácil. Y probablemente también hayas empezado a comprobar que algunas circunstancias que inicialmente parecieron desafortunadas resultaron ser una bendición. De manera que expresar gratitud por todo lo que hay en tu vida también te resultará mucho más fácil. ¿Ves cómo las prácticas de Zero Frequency® son cada vez más fáciles?

¡Agradece todo lo que tienes ahora!

El momento es ahora

El 4 de noviembre de 1962 el presidente John F. Kennedy pronunció el tradicional discurso del día de Acción de Gracias en honor a la fiesta nacional americana que se celebraría ese mismo mes. A continuación copio un fragmento:

> *Hoy, por encima de todo, agradecemos los ideales de honor y fe que hemos heredado de nuestros antepasados —la decencia de sus propósitos, su firmeza determinación y fuerza de voluntad— y que debemos buscar cada día para emularlos. Y al tiempo que expresamos nuestra gratitud, nunca debemos olvidar que el mayor agradecimiento no es pronunciar palabras sino vivir de acuerdo con ellas.*
>
> *Por lo tanto, proclamemos nuestra gratitud a la Providencia por sus múltiples bendiciones; agradezcamos con humildad los ideales heredados, y compartamos estas bendiciones y esos ideales con los demás seres humanos de todo el mundo.*
>
> *Y cuando llegue ese día, nos reuniremos en santuarios consagrados al culto y en hogares bendecidos por el cariño familiar para expresar nuestra gratitud por los dones gloriosos de Dios; y oremos humilde y sinceramente para que Él siga guiándonos y sosteniéndonos en las grandes tareas inconclusas de alcanzar la paz, la justicia y la comprensión*

entre todos los hombres y las naciones, y terminar con la
miseria y el sufrimiento donde quiera que existan.

Quería compartir este fragmento contigo porque
ahora es momento de ser coherentes y predicar con el
ejemplo. Debemos empezar a vivir en gratitud, apreciar lo que tenemos y dejar de comparar lo que poseemos con lo que poseen otros. Tenemos que empezar a
vivir en Zero Frequency® para, como dijo el presidente Kennedy, ser capaces de «terminar con la miseria y
el sufrimiento donde quiera que existan, empezando
por nuestra propia vida».

Conecta con **ZERO** *frequency*

¿Sabías que puedes desarrollar tus sentimientos de
gratitud a través de la práctica? En un estudio de la
Universidad Estatal de Indiana los investigadores
estudiaron los efectos del ejercicio de la gratitud entre
personas que sufrían ansiedad y depresión. Se solicitó
a la mitad del grupo que escribiera cartas de agradecimiento. A continuación todo el grupo fue sometido a
un escáner cerebral. Aquellos que habían realizado el
ejercicio mostraron una «actividad cerebral más rela-
cionada con la gratitud», lo que básicamente significa

que experimentaron el sentimiento de gratitud con mayor frecuencia y facilidad.

Practicar la gratitud no lleva mucho tiempo. Solo necesitas un minuto para detenerte y pensar en tres cosas por las cuales estás profundamente agradecido. He aquí algunas sugerencias para que practiques la gratitud:

1. Haz una lista de todas las cosas que han tenido lugar a lo largo de tu vida, o al menos durante los últimos doce meses, por las que te sientes agradecido. Puedes sentir gratitud por situaciones hostiles y placenteras. Es bastante frecuente que las mayores bendiciones únicamente lleguen a nosotros a través de experiencias negativas. Te animo a buscar los regalos que hay en tu vida, independientemente de que procedan de situaciones dolorosas o felices, y que sientas gratitud antes de dejar atrás esa etapa de tu vida.

2. Luego haz una lista diaria de todas las cosas por las que puedes estar agradecido durante ese día. Si tienes tiempo, puedes hacerla por la mañana y por la noche. Lleva la lista siempre contigo, y sigue añadiendo elementos cada vez que encuentres algo o alguien que te provoca ese

sentimiento de gratitud. También puedes considerar poner una alarma en tu teléfono o computadora, para que te ayude a dedicar un momento a pensar por qué te sientes agradecido. Si te concentras en los regalos simples que hay en tu vida, ¡pronto descubrirás que estás rodeado de prodigios y bendiciones!

3. Cuando estás bloqueado en una situación o intentando resolver un problema, recuerda que detrás de él se esconde una bendición. Haz una lista mental: «Todas las cosas por las que puedo estar agradecido debido a esta situación...». Todo desafío nos permite tomar conciencia de algo. Y lo que es más importante, te ayudará a cambiar tu frecuencia y volver a Cero.

Puedes encontrar más recursos de Zero Frequency®️ en: www.zerofrequency.com/recursoslibro.

Capítulo 8

Practica soltar

Rendirse es «¡Todo ha terminado!».
Soltar es «¡Esto acaba de empezar!».
Suzanne Marshall Lucas

Hace algunos años decidí tomar clases de tango porque quería aprender a dejarme llevar por un hombre. En el tango, el hombre siempre es el que dirige y la mujer tiene que dejar que él la guíe. Esto no era algo que me saliera de manera natural y necesitaba practicarlo.

Después de algunas semanas comencé a notar un patrón. Cada vez que realmente me dejaba llevar y permitía que mi compañero me condujera, parecía una profesional, y todo era casi mágico. El problema era que a veces sencillamente no conseguía fluir y me quedaba bloqueada mentalmente. Cuando prestaba atención al baile, cuando me ponía a pensar en vez de observar, me tropezaba o vacilaba. Intentando recordar la rutina, me concentraba en el siguiente paso y en el que venía a continuación. O me preguntaba: «¿Lo estaré haciendo bien?», y en cada ocasión me olvidaba de los pasos que tenía que hacer.

Para mí esa fue una gran lección, ¡mucho más de lo que esperaba de mis clases de tango! Con demasiada frecuencia somos nosotros mismos quienes nos creamos los problemas por quedarnos mentalmente bloqueados. Al menos ahora ya sabes que la cabeza, el intelecto, crea problemas. Pensamos, planificamos, nos preocupamos, nos preguntamos cuáles serán los resultados, y de esa forma tropezamos. Nos resistimos en vez de soltar. Cuando nos preocupamos por si lo estamos haciendo bien, nos justificamos diciendo que nos «estamos esforzando», o que «tenemos un profundo interés» por lo que estamos haciendo. Creemos que de esa forma lo haremos mejor, o conseguiremos más. En realidad, esta forma de pensar lo único que consigue es frenarnos. En las antiguas escrituras hindúes, los Vedas, el principio de «la economía del esfuerzo» explica de qué manera las ideas se convierten fácilmente en realidad, *sin que lo intentemos*. En su libro *Las siete leyes espirituales del éxito*, Deepak Chopra lo denomina «la ley del mínimo esfuerzo». Cuando soltamos, esta ley surte efecto, y de pronto nos movemos por el mundo grácilmente, como si fuéramos bailarines. Manifestamos lo que deseamos profundamente sin el menor esfuerzo.

Quizás tengas la sensación de que has estado «tropezando» en tu vida durante algún tiempo, siempre preguntándote si «lo estás haciendo bien». Cuando no te permites fluir pierdes el paso en la vida, igual que en el tango. La única solución es abandonar el control y dejar que el Universo te guíe.

Cuando me dejé llevar y permití que mi compañero de tango me guiara por la pista de baile, pude experimentar lo que significa estar en el fluir. Tú lo has sentido antes, todos lo hemos sentido. Chopra explica que la naturaleza actúa sin esfuerzo, de manera que el fluir no es ilusorio ni raro. Puedes sentirlo simplemente cuando sueltas.

Algunas veces es difícil hacerlo porque obtenemos resultados que no esperábamos. En otras ocasiones el miedo se impone y se siente más fuerte que el Cero, aunque en realidad no lo es. ¡Por este motivo es tan importante que confíes y te permitas fluir!

¿Soltar qué?

¡Debemos desprendernos del síndrome «lo sé» y de todas las opiniones, juicios, expectativas, interpretaciones y creencias del pasado! Esto nos lleva directamente a la cuestión real. ¿En qué medida dejas que tu mente subconsciente (la memoria de tu computadora) influya en tu mente consciente (una parte que hay en ti que se define fácilmente como tú)? Esta resulta ser la clave para la grandeza personal.

En su libro *The User Illusion* [La ilusión del usuario], Tor Norretranders describe detalladamente entrevistas con estrellas de fútbol retiradas como Joe Montana, y el danés Michael Laudrup, héroe de la Copa del Mundo. Ambos afirman que nunca fueron realmente conscientes de sus mejores actuaciones. Y añaden que si en ese momento estaban pensando en algo, solamente era para planificar sus estrategias mientras el subconsciente se ocupaba de la situación real. Este principio se aplica a los artistas, ejecutivos, abogados, profesores, y prácticamente a todo el mundo. Todos tenemos grandes momentos en los que hemos actuado sin pensar (nos hemos permitido fluir) y hemos producido algo realmente impresionante. Mi mejor libro surgió cuando me senté frente a la computadora y simplemente me puse a escribir sin guiar conscientemente mis pensamientos. La mayoría de los que componen canciones se preparan para entrar en un estado similar que favorece que las canciones simplemente lleguen a ellos. Esas personas con tanto talento han descubierto la forma de permitir que su subconsciente coopere con su mente consciente. O, para ponerlo en términos deportivos, saben cómo *entrar en la zona*.

Zero Frequency® es el estado de estar en *la zona*. Una zona en la cual todo fluye y todo es posible.

¿Has tenido alguna vez la sensación de que «el tiempo vuela»? Si prestas atención, te darás cuenta de que esto sucede siempre que estás haciendo algo que te gusta mucho, cuando estás en Cero. En esos momentos tu subconsciente está a su máximo rendimiento, mientras tu mente consciente se toma un descanso. Estás totalmente inmerso en la actividad que está realizando; estás «allí», completamente presente. Cuando te dejas fluir experimentas el tiempo de una manera diferente. Este espacio en el que no estás detenido y no opones resistencia es tan potente que altera nuestra percepción del tiempo.

Libérate de las expectativas

Durante un entrenamiento de Zero Frequency® que impartí en Basilea, Suiza, y que duró todo un día, un estudiante vino a mí durante el primer descanso para decirme: «Creía que en este seminario íbamos a experimentar Zero Frequency®».

¡Hablando de ideas preconcebidas y expectativas! Lo miré y le respondí: «En primer lugar, dame una oportunidad. Apenas han pasado dos horas de formación. Tenemos ante nosotros la mayor parte del trabajo programado. Y, lo más importante, ¿cómo sabes que no estás en Cero? Quizás lo has estado, pero no te has dado cuenta. Pero hay algo que está muy claro: en cuanto tienes una pregunta, una expectativa o un juicio, definitivamente no estás en Cero».

Y luego añadí: «¿De qué valdría que hoy te lleváramos de vuelta a Cero? Mañana cuando estés en tu trabajo, o cuando tengas que interactuar con las personas conflictivas que hay en tu vida, no serás capaz de recrear este estado. Yo prefiero enseñarte a hacerlo por tus propios medios para que no me necesites, ni tampoco necesites a nadie más para entrar en *la zona*».

Lo más importante es ser consciente de cuándo *no* estás en Zero Frequency®, así podrás soltar y sintonizarte con la frecuencia correcta.

Tener una expectativa significa estar apegado a la forma en que creemos que las cosas deberían ocurrir. Las expectativas te llevan a pensar que tú sabes más que el Universo sobre cómo deberían ser las cosas. Esto solamente consigue detenerte y generar frustraciones innecesarias. Bloquea tu conexión con la Inspiración. No encuentras el equilibrio, te sientes estancado y, efectivamente, lo estás; estás definitivamente bloqueado en el pasado o en el futuro. *Por lo tanto, tropiezas.*

Las expectativas te llevan a poner el foco en el exterior y sustraerte del presente. Estás continuamente comprobando si lo que sucede es lo que «debería» estar pasando. La solución es darse cuenta de que todo es perfecto, que somos perfectos tal como somos. Y como ya he dicho antes, y repetiré muchas veces más, siempre debemos recordar que somos cien por ciento responsables de nuestra realidad, que tenemos el control y los medios para cambiarla. Dios siempre nos da todo lo que necesitamos para cumplir con nuestro propósito.

Ya lo dije en el capítulo cuatro, pero merece la pena que lo repita: por favor, no confundas responsabilidad con culpa. Somos cien por ciento responsables de nuestra realidad porque todo lo que hay son memorias que se reproducen en nuestra mente subconsciente. La buena noticia es que al estar esas memorias dentro de ti, puedes elegir soltarlas y liberarte de ellas. Tú las has creado, tú puedes cambiarlas. Tú no eres una mala persona ni tampoco eres culpable de nada; ¡sencillamente eres responsable y puedes hacer algo al respecto! Cuando dejas de culparte y comienzas a fluir, estás asumiendo realmente el control.

Cualquier cosa que parezca ser un impedimento nos ofrece una oportunidad para ver que estamos preparados para soltar. Dios no va a obligarte a afrontar algo que no esté en resonancia con tu estado actual de conciencia, algo que tú no estés todavía preparado para soltar. Esto sería inútil e incluso contraproducente. El orden de Dios garantiza que sucederá lo perfecto, de manera que podemos seguir desprendiéndonos de las memorias y seguir creciendo.

Cuando llega el momento en el que estamos suficientemente liberados de las garras del ego, los milagros empiezan a manifestarse cada vez más. Bueno, los milagros se producen todo el tiempo. Pero si tú te concentras en lo que no funciona, o en aquello de lo que crees carecer, te perderás los milagros porque no serán tangibles. Los milagros no se producen «en el exterior» sino dentro de ti. La paz, la felicidad y la libertad que experimentas a pesar de todos los problemas que puedas tener, son el máximo milagro. Te aseguro que estos son los milagros que realmente cuentan. Ser capaz de desapegarte de tus memorias dolorosas y no reaccionar ante ellas —ser capaz de borrarlas— es la mejor inversión que podemos hacer por nosotros mismos, por nuestra familia, nuestros parientes y ancestros. Es como pagar una deuda con el fin de liberarnos.

Tengo una historia personal en relación con las expectativas. Después de hacer cuatro o cinco veces el seminario de Ho'oponopono cuando solo hacía seis meses que lo había descubierto, me dirigí al doctor Hew Len y le dije: «Yo limpio y limpio, pero esto no funciona».

Al principio él no me respondió, pero más tarde se acercó a mí, y mirándome a los ojos me dijo: «Sin expectativas». Como ves, él esperó la Inspiración para decirme lo que yo podía escuchar y comprender en el momento correcto. ¡Y yo no solamente entendí lo que me decía, sino que además me dio mucha paz! Con toda seguridad mi intelecto no sabía qué era lo correcto. Yo sencillamente tenía que abandonar las expectativas y seguir adelante. Debo decir que todavía tengo expectativas, pero ahora sé que se trata de mi intelecto fabricando historias. Entonces me digo a mí misma: «*No, gracias.* Ya no quiero más expectativas».

Ser conscientes de la perfección del Universo nos mantiene en una actitud constante de asombro y admiración. Pero para eso debemos abandonar nuestras expectativas y dejar de pensar tanto. Debemos recordar en todo momento que Dios sabe más, y que Él desea lo mejor para nosotros. De hecho, nos tiene reservadas muchas más cosas de las que jamás podríamos imaginar ni visualizar. Por ese motivo nos guía por caminos que a veces nos parecen extraños. Si somos humildes, si abandonamos las expectativas, las comparaciones, las quejas y la necesidad de tener razón todo el tiempo, y si confiamos, podremos conectarnos con Zero Frequency®. En este estado perfecto estaremos en el fluir, avanzaremos y nos daremos cuenta de que el tiempo de Dios es el tiempo perfecto.

Soltar no es rendirse

Sí, efectivamente, tú puedes relajarte y dejar que «Dios se ocupe» (o el Universo, o cualquiera que sea el nombre que quieras darle), incluso cuando no comprendas exactamente por qué algo está sucediendo. Nuestra percepción de todas las cosas y personas está limitada porque vemos a través de los filtros de nuestras memorias. Necesitas limpiar tus «lentes» y aprender a ver sin niebla. Solo entonces serás capaz de ver la perspectiva general.

Por favor, no confundas soltar con rendirte. Darse por vencido es acabar con los sueños, deseos, proyectos, incluso con la vida misma. Soltar abre la puerta a la Inspiración y a infinitas posibilidades. Soltar es volver a Cero, a un nuevo comienzo, a un nuevo inicio. Cuando sueltas, te sintonizas con Zero Frequency®, el estado de plena conciencia del momento presente, y puedes escuchar la voz del Universo que te trae paz, felicidad y soluciones perfectas.

Considera la sexta ley espiritual del éxito de Deepak Chopra, «la ley del desapego». Chopra explica que cuando abandonamos el apego a nuestros deseos, recibimos lo que queremos. Deja claro que la ley del desapego no significa abandonar tu intención y tu deseo, sino simplemente desentenderte de los resultados. Apegarte a un resultado específico es un signo de que tienes miedo de la incertidumbre y que no confías plenamente en el poder de tu auténtico ser.

De acuerdo con Chopra, el apego procede de la «conciencia de pobreza» y el desapego de la «conciencia de riqueza». Es esta una diferencia muy importante. La he experimentado por mí misma, y seguramente tú también. Piensa en la última vez que creaste algo maravilloso en tu vida, sin hacer ningún esfuerzo. Te mantuviste abierto y receptivo en vez de concentrarte en resultados específicos y medibles, y tal vez el resultado fue incluso mejor de lo que podías haber imaginado, incluso más maravilloso de lo que podías esperar. Luego, como por arte de magia, todas las piezas cayeron en su sitio. Incluso podrías considerarlo un milagro, una gracia o una intervención divina. ¿Recuerdas esa experiencia? Intenta recordar cómo te sentiste: ¿como si estuvieras conectado con el Universo, como si tuvieras trabajando codo con codo con Dios? Esa experiencia y esas sensaciones fueron posibles porque abandonaste los apegos y confiaste.

De un modo similar, puedes renunciar al apego que tienes a tu entorno, al dolor y a los resultados negativos. Las personas resisten los actos más atroces y las tragedias más horribles y sobreviven, en parte debido a la forma que entienden su realidad.

En su libro *Los siete hábitos de la gente altamente efectiva*, Steven Covey comparte la historia de Víctor

Frankl, un judío encarcelado en los campos de exterminio nazi, que perdió a todos los miembros de su familia excepto a su hija, y soportó torturas indecibles. Acaso hayas escuchado a Frankl hablar del momento en que se dio cuenta de que todavía tenía una libertad que los nazis no podían arrebatarle, su capacidad para decidir de qué manera lo afectaría una experiencia. Él lo denominó «la última de las libertades humanas».

Menciono a Covey porque quiero compartir un pasaje de su libro en el que habla sobre Frankl. «En medio de las circunstancias más degradantes que se pueda imaginar, Frankl utilizó el legado humano de la autoconciencia para descubrir un principio fundamental de la naturaleza del hombre: el ser humano tiene libertad para elegir entre el estímulo y la respuesta. En la libertad de elección participan esos dones que nos hacen singularmente humanos. Además de la autoconciencia tenemos imaginación, la capacidad de crear cosas con la mente más allá de nuestra realidad actual. Tenemos conciencia, una profunda conciencia interior de lo bueno y de lo malo, de los principios que gobiernan nuestra conducta, y somos capaces de percibir en qué grado nuestros pensamientos y acciones están en armonía con dichos principios. Y tenemos una voluntad independiente, la capacidad de actuar basándonos en nuestra autoconciencia, libres de cualquier otra influencia».

Tú también tienes esa voluntad. Puedes elegir cómo reaccionar frente a una situación. Puedes eliminar tu apego al sufrimiento. Incluso puedes desprenderte de la realidad de tus circunstancias presentes. Tú decides cómo quieres reaccionar frente al mundo, y nadie puede arrebatarte esa decisión, *ni tampoco puede tomarla por ti*. Es tu derecho. Tienes libre elección.

Quizás no seas capaz de cambiar las circunstancias, pero las circunstancias son siempre neutras y tú tienes el poder de cambiar tu forma de pensar, sentir y actuar en relación a ellas. Cambia tus pensamientos y cambiarás los resultados (consecuencias). Cambia tus pensamientos; podrías cerrar con un final más feliz y satisfactorio.

¿Prefieres ganar o ser feliz?

Muchas personas me escriben para compartir conmigo el impacto que les ha producido vivir en Zero Frequency®. Uno de mis testimonios favoritos pertenece a Guillermina, una mujer que estaba en proceso de divorcio. El que pronto sería su exmarido se había negado a reunirse con ella, ni siquiera aceptaba tener una conversación, y por este motivo el proceso se demoraba una y otra vez.

Guillermina me escribió: «Hoy se celebró la audiencia de mi divorcio. La jueza explicó que, dado que las partes no se ponían de acuerdo, habría una nueva audiencia en septiembre. Sin pensarlo me puse de pie y dije: "Señoría, ¿cree usted que yo puedo esperar hasta septiembre simplemente porque este hombre no quiere comunicarse conmigo? Por favor escuche lo que tengo que decir. ¡Yo no puedo esperar hasta setiembre para ser feliz! ¡Yo reclamo mi felicidad hoy! ¡Solo quiero liberarme de todo esto y volver a confiar hoy mismo!". La jueza me miró sorprendida. Yo no estaba segura de si había entendido lo que yo había dicho».

Guillermina no había planificado decir nada de lo que dijo, ni ninguna otra cosa; si hubiera pensado en ello por anticipado, o se hubiera cuestionado a sí misma al tener ese impulso, probablemente no hubiera expresado sus preocupaciones.

Después de unos momentos la jueza le pidió al abogado de su exmarido que ambos se acercaran al estrado, porque si él no quería hablar con ella al menos tendría que *escuchar* lo que *ella* tenía que decir.

Guillermina escribió: «Él se acercó como una rata, con la cabeza gacha. Yo comencé a hablar, y creo que lo que dije fue correcto y perfecto. Sin embargo, mi ex no aceptó ninguna de mis peticiones. De cualquier modo mi única respuesta fue: "¡Gracias! ¡Gracias! ¡Gracias!". Mi abogado quería salir en mi defensa para conseguir que mi ex cambiara de opinión pero yo le dije: "Le pido que guarde silencio. Todo está bien y es perfecto. Me estoy liberando". Yo sabía que Dios estaba allí, guiándolo todo».

Finalmente Guillermina obtuvo su divorcio, pero su ex consiguió todo lo que quería. Técnicamente, ella perdió el caso porque no alcanzó los resultados por los que estaba luchando. Aun así, se mostró de acuerdo con todo, sin oponer resistencia. En su testimonio escribió: «Tuve la alegría de decirle a mi ex: "Has ganado". Reflexioné sobre la vida y pensé: "¿Qué es lo que nos llevamos cuando morimos? ¡Nada en absoluto!". Y aunque ante los ojos de mi ex y de la ley, el ganador fue él, en realidad no es cuestión de ganar o perder. Se trata de tener paz. Y hoy, ¡Dios me la ha ofrecido en bandeja!».

Cuando acabó la audiencia, Guillermina saludó al abogado de su ex con un abrazo y le dijo: «¡Gracias! ¡Gracias! ¡Gracias!». Su propio abogado todavía no se había recuperado de que la jueza cambiara de idea y anulara la celebración de una nueva audiencia en septiembre. Y cuando Guillermina vio a su ex por última vez, le dijo: «No te me acerques. Se acabó».

Entonces su abogado le dijo: «Es una lástima que al final no hayan podido darse la mano».

«Una lástima para ti —respondió Guillermina—. Es la primera vez en veinticuatro años y cuatro meses que le digo: ¡Se acabó! ¡MUCHAS GRACIAS!».

Y cuando todo acabó Guillermina me escribió: «Hoy me he pasado todo el día llorando, ¡pero con la certeza de que Dios aprieta pero no ahoga!».

Algunas personas dirían que el resultado del divorcio de Guillermina fue un fracaso. Sin embargo, en realidad no lo fue. Y ella tampoco lo entendió de ese modo. Zero Frequency® no nos garantiza los resultados que deseamos. Cuando practicamos la abundancia (y soltar) no nos preocupan los resultados. Confiamos, actuamos, y nos sentimos felices, independientemente de lo que ocurra.

Otra lección que podemos sacar de la historia de Guillermina es nuestra necesidad de tener razón, que también percibimos como «ganar». Ganar una discusión o, en su caso, una batalla legal. Nuestra necesidad de tener razón, o de decir la última palabra, es una de las características más arraigadas en los seres humanos y es necesario eliminarla radicalmente si queremos alcanzar la felicidad y la paz. Observa que cuando piensas que tienes razón, tú crees tercamente en tus pensamientos y en tus historias sin ninguna duda ni cuestionamiento. No consideras que podrían ser una reproducción de tus viejas memorias, y causarte la misma desdicha que te ocasionaron en el pasado. ¡Tú solo quieres tener toda la razón! Y aquí tenemos un caso de mala interpretación de la identidad. Creemos que debemos defender nuestros pensamientos porque estamos convencidos de que nosotros *somos* nuestros pensamientos. No se nos ocurre que estamos separados de ellos, y por eso estamos dispuestos a hacer lo que sea necesario para defender nuestra forma de pensar.

La falacia es pensar que nuestros pensamientos representan la verdad, cuando en realidad los pensamientos no son más que memorias y responden a una visión muy limitada de la verdad. En consecuencia, nuestra forma limitada de interpretar esta «verdad» nos lleva automáticamente a descartar las ideas y visiones de otras personas. Nos convertimos en arrogantes, pensando que sabemos más que nadie, y nos enredamos en una multitud de confrontaciones y desacuerdos. Y a su vez esto nos mantiene estancados, atrayendo exactamente lo contrario de lo que queremos atraer. Para decirlo en pocas palabras, nuestro apego a tener razón es un gran obstáculo para nuestra felicidad. Nos impide avanzar, y nos hace perder la oportunidad de abrir nuevas puertas.

Te corresponde a ti elegir si sigues dando crédito a lo que piensas de ti mismo (tus programas) y a lo que piensas de los demás, a lo que es bueno o malo, o abandonar esa actitud y reconocer que todo es perfecto tal como es. Debes saber que si eliges la primera actitud estarás atrayendo la misma clase de experiencias vitales que siempre has atraído. Recuerdo ahora un dicho popular: «Locura es hacer lo mismo una y otra vez esperando obtener un resultado diferente». Una vez más la respuesta reside en cambiar de canal. Deja de escuchar la frecuencia de la superioridad moral, sé más humilde, toma consciencia de que no sabes todo lo que crees saber, y permítete fluir con la claridad de Dios, que es Inspiración, y que está más cerca que tu propia respiración. Dejar que Dios te guíe requiere humildad. La humildad de dejar de pensar, o al menos de dejar de dar poder y control a tus pensamientos. Es esencial abrir nuestras mentes, ser flexibles y abandonar las expectativas.

¡Y recuerda que cuando digo Dios me refiero a *esa parte de ti que sabe más*! Tú te conectas con esa parte cada vez que eliges escuchar al hemisferio derecho de tu cerebro (sabiduría) en vez de escuchar al hemisferio izquierdo (intelecto). Esa manera de conocer sin saber cómo conoces es la Inspiración. No te estoy pidiendo que vayas ni un centímetro fuera de ti mismo para encontrarla.

A medida que somos más humildes reconocemos que existe una mente mucho más grande y más inteligente que la nuestra, la misma mente que concibió el Universo. La mente que pensó el cuerpo humano, los océanos, las montañas y las flores. La humildad implica abandonar el apego a nuestro propio pensamiento y el convencimiento de que tenemos razón, y en su lugar ceder el mando a esta gran mente –Dios y la Inspiración– que tiene las soluciones perfectas para todos nuestros problemas.

En este libro he compartido citas del libro de Michael Singer *La liberación del alma*. Te recomiendo muy especialmente que lo que leas mientras sigues practicando soltar. Esta cita de su libro es apropiada para la historia de Guillermina: «La energía cambia, y las variaciones que se producen en el corazón hacen funcionar tu vida. Estás tan identificado con ellas que utilizas la palabra "yo" cuando te refieres a lo que está sucediendo en tu corazón. Pero en realidad tú no eres tu corazón. Tú eres la persona que siente tu corazón. Permite que las experiencias de la vida lleguen a ti y pasen a través de tu ser. Déjalas marchar. Es así de fácil. Sé feliz. Limítate a abrirte, a relajar tu corazón, a perdonar, a reír, o a hacer cualquier cosa que te apetezca. No te resistas ni las rechaces».

Soltar funciona. Te libera. Te da paz más allá de lo comprensible. No necesitas tener razón. No necesitas ganar. No necesitas tener la última palabra. Tu felicidad, tu paz y tu libertad no tienen precio.

Siente el miedo, pero hazlo de todos modos

En el fondo todos tenemos miedo porque no sabemos quiénes somos. Nos percibimos con nuestros pensamientos limitados y nuestra visión limitada. Sentimos miedo porque creemos que estamos solos. Tenemos miedo a lo desconocido, a ser rechazados, a fracasar, a vivir y a morir. Tenemos demasiado miedo y demasiada poca confianza. Como resultado, nunca apostamos por nuestras pasiones ni nos arriesgamos a desarrollar nuestros talentos. En otras palabras, no elegimos vivir y ser felices. Cuando comienzas a conocer tu esencia interior no tienes miedo a nada. Solo entonces eres capaz de asumir riesgos y confiar en lo desconocido.

El maestro Jiddu Krishnamurti afirmaba que el pensamiento, el conocimiento y el tiempo forman una realidad inseparable que es la raíz de todo miedo. Lo explicó en una conferencia que ofreció en *Brockwood Park School,* cerca de Londres, en 1983: «El tiempo es pensamiento, porque el pensamiento es la respuesta de la memoria, que es conocimiento o experiencia. Por lo tanto, el conocimiento pertenece al reino del tiempo... Y en consecuencia, el tiempo, el pensamiento y el conocimiento no están separados, son realmente un único movimiento, y esta es la causa del miedo».

Estas palabras de Krishnamurti son una excelente síntesis de lo que hemos venido diciendo sobre las memorias como origen de los pensamientos y las emociones. Ahora también podemos ver que las memorias se identifican específicamente como la fuente del miedo. También Osho decía: «Si la mente tiene miedo, se convierte en un remolino de pensamientos». La cuestión es clara.

¿Cuántos de nosotros nos reprimimos por prestar atención a las creencias restrictivas y los miedos de otra persona? ¿Conoces la historia de los cangrejos?

Un hombre caminaba por la playa y vio a otro pescando con un balde de cebos a su lado. A medida que se acercaba vio que el balde no tenía tapa y adentro había cangrejos vivos.

«¿Por qué no tapa usted su balde para que los cangrejos no se escapen?», le preguntó.

«Usted no lo entiende —respondió el hombre—. Si hubiera un solo cangrejo en el balde seguramente se escaparía. Pero cuando hay muchos, si uno intenta trepar por uno de los lados los otros lo sujetan y lo tiran hacia abajo para que comparta el mismo destino que el resto».

Es lo mismo que sucede con los seres humanos. Si alguien intenta hacer algo diferente, sacar mejores notas, mejorar, escapar del propio entorno, o albergar grandes sueños, siempre habrá quien intente arrastrarlo hacia abajo para que comparta el destino de los demás.

Ignora a los cangrejos. Anímate a hacer lo que crees que es bueno para ti. Quizás no sea fácil y no tengas el éxito que esperabas, pero *jamás* compartirás el mismo destino que aquellos que nunca lo intentan. Siente el miedo y hazlo de todos modos. ¡La única cosa de la que hay que tener miedo es del mismo miedo! Los miedos son inevitables. Se esconden en el patio de atrás, y aparecen cada vez que queremos o debemos hacer algo nuevo o diferente. Debemos sentir el miedo, pero de cualquier modo hacer lo que pretendemos hacer, más allá de lo que suceda.

No dejes que el remordimiento te detenga

En mis entrenamientos de Zero Frequency® suelo pedir a los participantes que pasen al frente y escriban en la pizarra de qué se arrepienten más. A medida que la pizarra se llena, aparece un patrón: la mayoría de los arrepentimientos tienen que ver con no haber aprovechado las oportunidades. Tendemos a arrepentirnos más de las cosas que no hemos hecho, que de las cosas que sí hemos hecho. La vida que no hemos vivido y que llevamos a cuestas día tras día es como otra persona que llevamos pegada a nuestras espaldas. La carga es pesada y nos impide ver nuevos caminos y oportunidades diferentes.

Los estudiantes miran la pizarra llena de arrepentimientos, y asumen que la tarea siguiente será perseguir esa idea o ese sueño que han dejado pasar. Sin embargo, yo les doy borradores. Igual que en el ejercicio que compartí en el capítulo tres, ellos borran sus arrepentimientos, todos ellos, hasta que la pizarra queda limpia otra vez. Lo que queda es un espacio fresco para planes *nuevos*, ideas *nuevas,* y sueños *nuevos.*

Hacer actos de fe no tiene por qué querer decir retomar viejos proyectos inacabados, ni enviar cartas que nunca terminaste de escribir, ni perseguir intereses que hace ya mucho tiempo has dejado atrás. Está bien, en un momento quisiste pasar a la acción y luego no lo hiciste, pero eso no significa que tengas que continuar con esas acciones para sentirte pleno. Puedes hacer un acto de fe con algo diferente, algo fresco, algo inesperado. Sí, mira tus arrepentimientos para tener la clave sobre lo que podrías querer experimentar o conseguir, pero no dejes que te impidan crear una nueva vida.

Expresa tus arrepentimientos, acéptalos y luego sigue adelante. No puedes volver atrás y cambiar las decisiones que tomaste en el pasado; la falta de acción *fue* una opción. Quizás, solamente quizás, fue realmente la decisión correcta. Y tal vez haya sido la opción *perfecta*. Eckart Tolle dijo: «Acepta, luego actúa. Sea lo que sea que contenga el momento presente, acéptalo como si lo hubieras elegido. Trabaja siempre con eso y no en contra de eso. Hazlo tu amigo y tu

aliado, no tu enemigo. Esto transformará milagrosa-
mente toda tu vida».

Tu vida es una pizarra limpia, un lienzo en blan-
co, un nuevo comienzo. LIBÉRATE de las cadenas
del arrepentimiento y avanza hacia tu futuro brillante.

¿Te estás perdiendo algo?

Voy a darte un ejemplo personal de cómo me deshice
de mi miedo número uno: el miedo a hablar en público. Yo no tenía ninguna formación ni experiencia
al respecto, de modo que era algo que al principio me
asustaba.

En un seminario nos pidieron que nos pusiéra-
mos de pie frente al grupo y cantáramos a capela, es
decir sin música. Todo mi cuerpo tembló. Empecé a
sudar. Ni siquiera podía recordar la letra de mis canciones infantiles. Pero en cuanto lo hice, puede atravesar el miedo y cantar, y nunca más tuve miedo de
estar frente a una audiencia.

¿Qué fue lo que pasó para generar ese cambio
tan profundo en mi vida? En primer lugar, tuve que
salir de mi zona de confort. En segundo lugar, tomé
una decisión que afectaría a cualquier otra decisión
por el resto de mi vida. Siempre estamos tomando

decisiones, aunque en muchas ocasiones lo hacemos de un modo inconsciente. Mi decisión fue probar a hablar en público. Me dije que si era capaz de cantar sin música frente a un grupo, me resultaría fácil hablar en público. Esa decisión me abrió un montón de puertas, y especialmente la puerta hacia mi disposición a ser yo misma frente a un grupo de personas. Me enfrenté al miedo número uno del mundo, ¡el miedo a hablar en público!

Algunos estudios afirman que en una lista de las cosas que más tememos, la muerte ocupa el número dos. Esto es lamentable porque al tener miedo de la muerte nos perdemos la posibilidad de disfrutar la vida. Si supiéramos quiénes somos, no tendríamos miedo. Mientras estaba escribiendo este libro tuve la oportunidad de pasar dos días hermosos con mi madre antes de que falleciera. Habíamos hablado muchas veces sobre la muerte, y ella había asistido a muchos de mis seminarios. En esta ocasión, me impresionó comprobar cuán claras tenía las cosas con respecto a este tema.

Llamó a algunas de sus amigas desde el hospital y les dijo: «He terminado mi trabajo aquí en la tierra. Necesito partir. Por favor, deja de pensar que me recuperaré, porque eso me está reteniendo».

Cuando alguno de mis sobrinos o sobrinas lloraba, ella les decía: «Esto no es bueno para mí. Deben darse cuenta de que no tienen que llorar por mí, yo estaré mucho más cerca de ustedes cuando me haya ido».

Yo acompañaba a mi madre por las noches. Ella tenía visiones y se comunicaba con sus seres queridos que ya habían fallecido. Esos días tuvimos las conversaciones más profundas sobre el perdón y sobre muchas cosas más. En esos dos días me di cuenta de que era una persona increíble. Fui capaz de apreciarla de una forma completamente nueva. Le estoy agradecida por darme la vida, y por todo lo que me enseñó. Soy quien soy gracias a ella. Y ahora estoy más agradecida que nunca porque me ha mostrado que no hay que tener miedo a la muerte, que estamos aquí temporalmente y que las cosas no se acaban aquí.

Tomar conciencia de la muerte puede cambiar la relación que tenemos con ella y con la vida, y también la forma en que nos enfrentamos a cada una de ellas. La muerte puede realmente enriquecer nuestra vida y ayudarnos con nuestras experiencias y prejuicios. La muerte debería estar presente en tu vida momento a momento, porque es la gran maestra.

¿Comprendes ahora por qué es importante que nos desprendamos de nuestros miedos y arrepentimientos para empezar a vivir? ¡Estamos desperdiciando nuestra vida!

Tomamos decisiones constantemente, y la mayor parte del tiempo es nuestra mente subconsciente la que toma las decisiones por nosotros. Incluso cuando decidimos no hacer nada, ¡estamos eligiendo! De manera que si tenemos que elegir, ¿por qué no elegir soltar los miedos y liberarnos? ¿Por qué no elegimos la vida en lugar de la muerte? El Universo está siempre empujándonos y dándonos oportunidades para expandirnos y crecer, pero nosotros tenemos libre elección. Debes saber que todo lo que aparece en tu vida siempre es algo que eres capaz de hacer. ¡Es por ese motivo que aparece en tu vida!

Las memorias actúan en el subconsciente, y es tu niño interior quien las acoge. Si yo me enojo con mi niña interior y la reprendo por tener miedo, ella tendrá todavía más miedo. De modo que debemos mostrar comprensión y compasión con nuestro niño interior. Deberíamos reafirmarlo diciendo (mentalmente) que estamos a su lado que nunca lo abandonaremos. Deberíamos reconfortar a nuestro niño interior (la mente subconsciente) para que no alimente más miedo.

Cuando pienses en el miedo, recuerda que el acrónimo de la palabra miedo en inglés* significa: 'afronta lo que venga y elévate'. De eso trata la vida. Como es evidente, para ser más libre y feliz debes abandonar tu zona de confort, percibir los miedos que surgen, y seguir adelante. No dejes que el miedo a no ser suficientemente bueno te detenga. Si nuestra visión de la vida y de la existencia es más completa, más amplia, si *conocemos* quiénes somos, es más fácil confiar, es más fácil darse cuenta de que en realidad no hay nada que temer, y que podemos confiar y avanzar.

Nosotros confiamos en que el sol saldrá cada mañana. Confiamos en los sistemas bancarios electrónicos, y en que tendremos acceso a nuestro dinero. Confiamos en que nuestros seres queridos nos tratarán de determinada manera. Confiamos en que la comida que nos sirven en un restaurante está en buenas condiciones y libre de ingredientes tóxicos. Confiamos en que otros conductores prestan atención mientras conducen. ¡La lista es interminable! Evidentemente es aconsejable estar alerta para no tener sorpresas, pero sin una sólida confianza la vida sería insoportable. Permaneceríamos encerrados en nuestras habitaciones, víctimas de nuestra paranoia.

---

* N. de la T.: F.E.A.R., *Face Everything and Rise!*

De manera que no necesitamos aprender a confiar. Ya sabemos cómo hacerlo. Todo lo que necesitamos es dar un pequeño paso más, y aplicar esa confianza a los aspectos de nuestra vida que nos presentan desafíos. Esta confianza nos ayudará a crecer y a expandirnos. La vida siempre conspira para traernos experiencias de bienestar. ¡No hay nada de qué preocuparse! Habla con el «jefe» —el Espíritu, la Conciencia, el Universo, la Fuente, el Creador, Dios, llámalo como quieras— y pídele su guía. Esa Conciencia es tu conciencia, ¡de manera que sigue adelante y confía! El intelecto no puede darte la clave para adquirir esa confianza, pero seguramente te la dará tu corazón que sabe más que nadie.

Zero Frequency® nos ayuda a controlar el miedo. Los miedos son memorias y, tal como dijo Krishnamurti, no son reales. Y, como sucede con todas las memorias, todo lo que necesitas hacer es decirles *gracias* y dejarlas ir, en vez de permitirles que tomen el control.

Conecta con ZERO *frequency*

¿Estás viviendo en el infierno o en el cielo? Tu respuesta depende de si sueltas o no. A cada momento estás decidiendo algo. ¿Te quedarás en la prisión de tu mente dejando que los sucesos del pasado y los pensamientos negativos controlen tu felicidad y decidan tu destino? ¿Seguirás defendiendo tu punto de vista? ¿O reclamarás tu poder a través de la conciencia y del dejarte ir?

He aquí algunas formas de conectar con Zero Frequency® a través de la práctica de soltar:

1. Deepak Chopra recomienda que nos comprometamos a practicar el desapego cada día, en todos los aspectos de la vida. Esto te ayudará a permanecer abierto a las posibilidades. ¿Cómo practicas el desapego? Una forma es abstenerte de compartir tus opiniones con los demás. Ser tú mismo, y dejar que los otros sean ellos mismos. Y también abandonar tus expectativas. Cuando comienzas a tener una expectativa, detente y repite mentalmente: «Gracias, pero no compro».

2. Una manera divertida de soltar es reírte de ti mismo. La risa ayuda a soltar. JA es el aliento perfecto. Si no puedes reír, sencillamente di: «¡JA, JA, JA, JA!». Si estás respirando, estás en el presente. No puedes respirar en el pasado ni en el futuro. Otro modo de soltar es decir: «Gracias, pero no

compro». No permitas que tus preocupaciones y miedos te controlen. Si no te resistes, desaparecerán. Reírte de ti mismo y de tus problemas, y expresar gratitud te devolverá al ahora. Si estás presente, te sientes a gusto. Esto puede no sonar lógico ni científico, pero ¿acaso no estás cansado de intentar cosas lógicas y de cualquier manera seguir sintiéndote desdichado y bloqueado? Créeme, lo ilógico realmente funciona. Pruébalo.

3. Recuerda que la negatividad procede de las memorias reactivadas de tus propias creencias o pensamientos, o de las creencias y pensamientos de otras personas. Tu cuerpo almacena esas memorias y esto, a su vez, provoca un cambio en tu energía. No te tomes las cosas personalmente, limítate a dejar que la negatividad pase a través de ti.

4. En el capítulo tres compartí una historia sobre la doctora Jill Bolte Taylor, que escribió sobre su experiencia de volver a sí misma después de haber sufrido un ataque cerebral masivo. En su libro *Un ataque de lucidez*, Bolte Taylor habla de entrenar el cerebro para que sea un observador consciente. «Cuando mi cerebro se enreda con pensamientos duramente críticos, contraproducentes o descontrolados, yo espero noventa segundos hasta

que la respuesta emocional/fisiológica los disipe, y luego hablo con mi cerebro como si de un grupo de niños se tratara. Y les digo con sinceridad: "Aprecio su capacidad para producir pensamientos y emociones, pero realmente ya no estoy interesada en esos pensamientos ni en esas emociones. Les pido que dejen de producir este tipo de materiales"». Puedes hacer lo mismo que nos aconseja Bolte Taylor: pídele conscientemente a tu cerebro que deje de utilizar patrones específicos de pensamiento.

5. Ríndete. Sé humilde. Anula tus pensamientos y sentimientos repitiendo mentalmente: «Suelto y dejo que Dios se ocupe» o «Suelto y confío».

6. Haz una lista de todo lo que quieres desprenderte y luego quémala. Libérate de todo lo que ya no funciona en tu vida. Deshazte incluso de las culpas y las quejas. Genera más espacio para que la Inspiración entre en tu vida.

7. El arrepentimiento podría ser tu mejor maestro. Utilízalo como motivación. Ahora ya sabes que puedes hacerlo. Presta atención a tu corazón. Relájate profundamente en él. Confía en tus sentimientos. Haz aquello que te parezca correcto desde tu corazón. Deja fluir tu mente.

8. La muerte le da sentido a la vida. Piensa con cuánta frecuencia te hace establecer tus prioridades en el orden correcto. Si estás preocupado por algo, o enojado con alguien, pregúntate: ¿Estaría igual de enojado si supiera que hoy voy a morir? ¿Estaría igual de preocupado y negativo, o consideraría que la situación tiene tanta importancia, si mi tiempo estuviera limitado? ¿Prestaría atención a la persona que me estaba disgustando si supiera que esa persona iba a morir hoy?

9. En una ocasión visité una escuela para niños con necesidades especiales en Budapest. Mientras estaba con los maestros, una alumna se acercó a nosotros y nos dijo que estaba nerviosa porque tenía que participar en un juego escolar. Le pedí a los maestros que preguntaran a la niña si podía abrazarla, y ella aceptó. Después de que todos la abrazáramos, le pregunté: «¿Y cómo te sientes ahora?». Ella dijo que se sentía muy bien; el miedo había desaparecido. ¿Puedes creer que un simple abrazo sea capaz de transformar lo que sientes? Por favor, abraza más, y definitivamente incluye abrazarte a ti mismo. Abraza a alguien cada día y comprométete a abrazar a un extraño de vez en cuando, pero no te olvides de pedir permiso antes

de hacerlo. No te imaginas cuántas vidas podrían salvar un abrazo y una sonrisa cálida.

Puedes encontrar más recursos de Zero Frequency® en: www.zerofrequency.com/recursoslibro.

Capítulo 9

Practica la paz

Debemos experimentar la paz que hay dentro de
nosotros. Y si buscamos la paz fuera de nosotros nunca
encontraremos la que hay en nuestro interior.
Prem Rawat

La primera presentación de Ho' oponopono que di en una prisión fue en un centro de reclusión para mujeres en la ciudad de México. Cuando entré en la sala donde tenía que hablar con las reclusas me sorprendió que se hubieran reunido allí más de setenta mujeres. El evento no era obligatorio, todas ellas habían elegido estar allí. Yo estaba un poco nerviosa. Estaba segura de que aquellas mujeres pensaban: «¿Qué es lo que esta mujer cree que sabe?». Ellas no tenían la menor idea de quién era yo, ningún motivo para confiar en mí, ni sabían por qué deberían molestarse en aprender el ancestral arte hawaiano de resolución de problemas.

Como ya mencioné en el capítulo dos, jamás escribo lo que voy a decir antes de dar una conferencia ni antes de un seminario. La inspiración fluye mejor cuando soy espontánea, y mi mensaje es más útil de ese modo. La audiencia recibe lo que necesita en ese momento. En esta ocasión, tuve la inmediata impresión de que no estaba hablando en una cárcel de mujeres, sino que estaba en una *conferencia* de mujeres.

Las primeras palabras que salieron de mi boca fueron: «Esto es un retiro espiritual. ¿Qué es lo que van a hacer con su tiempo ahora?».

De repente sentí que todos los ojos se clavaban en mí. Era evidente que aquellas mujeres no esperaban que yo dijera eso. «Aquí no tienen que cocinar –continué–. No tienen que ir al supermercado, ni hacer todas las cosas que tenían que hacer antes. De manera que, ¿qué es lo que van a hacer?».

Mientras observaba sus rostros expectantes, me preguntaba si alguna de ellas habría pensado en eso antes.

«Este es un tiempo que pueden aprovechar para conectar con Dios, y encontrar a Dios dentro de ustedes —les dije—. Un tiempo para descubrir quiénes sois».

Entonces les hablé de las posibilidades que aquel lugar podía ofrecerles, y lo que ellas podían hacer con su tiempo. Podían escribir sobre sus experiencias, sobre sus inspiraciones, y sobre todas las cosas de la vida que ahora comprendían. «No sería la primera vez que un libro escrito por alguien que está en prisión se convierte en un *best-seller*».

A lo largo de la charla, hablé de las diferentes formas posibles de considerar sus circunstancias. Por ejemplo, había una mujer que tenía en sus brazos a su bebé y de alguna manera supe lo que estaba pensando. Entonces me dirigí a ella y le dije: «Tú te sientes triste por tu bebé. Qué desgracia nacer en la cárcel, te dices. Pero piensa en que esta alma ha elegido esta experiencia. ¿Puedes ver cuántas madres, tías y abuelas ha creado para que la cuiden?».

Cuando compartí con estas mujeres algunas fábulas y parábolas, observé que se miraban unas a otras como si las hubieran reconocido. «¡Ah, conocen estas historias! En este lugar tienen que aprovechar para hablar de cosas como estas, y no del pasado ni de los motivos que las han traído hasta aquí. Deben mantenerse en el presente».

Entonces señalé las ventanas y dije: «Los que estamos fuera de estas paredes creemos que somos libres, pero no lo somos en absoluto porque las peores guerras están dentro de nosotros mismos. Nuestros pensamientos y nuestras preocupaciones se convierten en la prisión de nuestra mente. Afuera hay demasiado ruido y realmente no podemos conectarnos con nosotros mismos. Ustedes aquí sí que pueden hacerlo».

En un determinado momento miré hacia arriba y vi el nido de un pájaro. De algún modo se las había ingeniado para entrar por una ventana que estaba en lo alto de la habitación para construir un nido en las vigas. «Ustedes creen que no son de fiar —les dije—. Miren, los pájaros confían en ustedes. Ellos saben, y confían lo suficientemente como para hacer su nido aquí». Sus caras se iluminaron y algunas se estiraron en sus sillas.

Cuando terminé de hablar la mayoría de las mujeres se acercaron a mí para abrazarme, agradecerme y bendecirme. Yo estaba impactada ante semejante reacción. Cuando hago este trabajo siempre me emociono mucho, porque me sigue sorprendiendo que Dios confíe lo suficientemente en mí como para ponerme frente a estas personas y hacer este tipo de trabajo. Y siempre le estoy muy agradecida.

Aquella noche la persona que había organizado la charla en la prisión de mujeres recibió un mensaje que decía: «Normalmente la cárcel es muy ruidosa por las noches. Siempre hay peleas y gritos. Pero esta noche todo estaba muy tranquilo, ¡tan tranquilo que bajamos a comprobar si las reclusas se habían escapado!».

Comparto esta historia para mostrarte que la paz es posible incluso en un mundo imperfecto. Cuando tenemos paz en nuestra mente, tenemos paz en nuestra vida. Y cuando tenemos paz en nuestra vida, hay más paz en la vida de las personas que nos rodean. La paz se propaga una y otra vez hasta llegar a todos los rincones de la tierra. Así es como cocreamos un mundo pacífico.

Para mí, un mundo perfecto es un mundo en el que todos hacemos lo que nos gusta, y expresamos nuestros talentos únicos cuando interactuamos con los demás. Todos tenemos dinero y nadie piensa en matar, librar una guerra, ni aprovecharse de los demás. Un mundo en el que somos felices, tenemos éxito, tenemos más paz en nuestra vida y, por lo tanto, hay más paz en la vida de todos los que nos rodean.

Puede que el mundo no sea perfecto todavía. Puede que las prisiones estén llenas, que las guerras sigan existiendo, y los más desfavorecidos sigan luchando por encontrar comida y cobijo. De cualquier manera, podemos cambiar el mundo. Si podemos crear una noche tranquila en una prisión que siempre estaba llena de ruido y peleas, podemos terminar con la guerra y la pobreza, y podemos dejar de aprovecharnos de los demás. Podemos practicar la paz. Todo comienza por nosotros.

La paz está fuera de nuestra zona de confort

Un año después de mi presentación en la cárcel, volví a México para dar una serie de conferencias. Tenía la ilusión de continuar visitando a aquellas mujeres, pero cuando intenté regresar me impactó enterarme de que las autoridades de la prisión no querían que yo volviera a trabajar con las reclusas. Su argumento fue que las internas estaban «demasiado tranquilas». Esto me pareció increíble. ¡Su decisión no tenía ningún sentido!

En ese mismo viaje di una charla en un preescolar cuyos maestros habían asistido a mis seminarios. Me llamó la atención que los niños se portaran tan bien.

Pude sentir la paz y la felicidad que flotaban en el aire. Fue en ese momento cuando los padres descubrieron que los maestros estaban practicando y transmitiendo mis enseñanzas a sus hijos.

Durante mi charla con los padres, una madre mencionó que su hijo no dejaba de repetir: «¡Gracias, mami!» y «Lo siento, mami». Él estaba constantemente susurrando «Lo siento» o «Gracias». Su madre no sabía de dónde procedía su conducta, porque era evidente que no la había aprendido de ella.

Otra madre dijo que había notado un cambio en la actitud de su hija. Antes de asistir a este preescolar la pequeña siempre se peleaba con su primo por los juguetes, y ahora la niña se mostraba respetuosa y generosa con su primo. Parecía haberse dado cuenta de que no merecía la pena pelear ni discutir por un juguete.

Me sentí tan complacida al comprobar el impacto que había tenido en aquellas pequeñas mentes y corazones el hecho de soltar. Y de pronto comprendí algo. Entonces pregunté a las madres: «¿Acaso no es verdad que cuando los niños están demasiado tranquilos y silenciosos, ustedes van a comprobar qué es lo que están haciendo porque están seguras de que están haciendo algo malo?».

En ese momento entendí por qué las autoridades ya no querían que yo trabajara en la cárcel de mujeres; no se fiaban del silencio y la calma.

No confiamos en la paz. Nos provoca inquietud. La paz nos saca de nuestra zona de confort, y no sabemos cómo comportarnos adecuadamente. De algún modo pensamos que si alguien está en paz seguramente algo malo va a suceder... o ya ha sucedido.

Un poco más adelante ese mismo año di un seminario para adultos y en un momento les pregunté: «¿Están completamente seguros de que están buscando paz?

»Es probable que digan que eso es lo que quieren, pero sin embargo luego la sabotean por no confiar en ella. Y eso es precisamente lo contrario a lo que requiere la paz. Es muy importante que tomen conciencia de esta tendencia humana, que está dentro de ustedes mismos. Tenemos que dejar de sospechar de la paz.

»De manera que vuelvo a preguntarles: ¿Están completamente seguros de que están buscando paz?».

Cada uno de nosotros puede marcar una diferencia

En este libro hemos allanado el camino para conseguir un mundo perfecto. Tú tienes el poder de cambiar tu futuro, y el futuro de la humanidad. Solo tienes que ser cien por ciento responsable de las memorias que hay dentro de ti, para desprenderte de las que hacen que tu vida sea tóxica y desdichada, y así ser capaz de marcar una diferencia en el mundo. Ahora tienes las contraseñas apropiadas para hacerlo: *Gracias* y *Te amo. Las cosas por las que podría estar agradecido... Esto también pasará. Suelto y confío. No me voy a preocupar. Me dejo llevar con el fluir de las cosas.* Tú conoces las palabras que funcionan para ti, que te devuelven al presente y la corriente de Zero Frequency®. Y aunque no lo sientas ni sea tu intención, decir estas palabras será suficiente. Y cuando lo haces, estás eligiendo soltar y dejando que Dios se encargue de hacer el trabajo.

Nuestras creencias, nuestras opiniones y nuestros juicios nos esclavizan, y necesitamos trabajar juntos para liberarnos de ellos. La forma de hacerlo es enseñar con el ejemplo, inspirar así a otras personas para que hagan lo mismo. De esta forma creamos y propagamos una pandemia de amor y paz. Recuerda que el amor y la paz son contagiosos y pueden curar cualquier cosa.

No convenceremos a los demás con palabras. Y no hay nada de qué convencerlos, porque cada uno tiene sus creencias y algunas de nuestras ideas siempre serán rechazadas. Elige la paz. Elige la felicidad. Elige ser diferente, aunque la gente piense que tus formas no convencionales de vivir son una locura.

Tú eres el único que puede salvarte. No esperes. La vida es un juego, y tienes que estar dispuesto a entrar en el campo y jugar. No seas un espectador. Lo que se requiere es tener la energía adecuada y ser un buen ejemplo. Practicar Zero Frequency® nos permite alcanzar esa energía vibracional, ¡y es contagiosa! Podemos decidir qué guerras no vale la pena librar, porque sabemos que no será bueno para nosotros, que no nos ofrecerá los resultados que esperamos, y que además harán un gran daño a la tierra y a la humanidad. Terminar con la guerra requiere el coraje de asumir una misión «imposible». Tú eres el milagro y tienes que desempeñar un gran papel. Tienes que dejar de confiar en los dieciséis bits de información que la mayoría de nosotros utilizamos, y comenzar a usar los once millones de bits de información que tienes a tu disposición. No estoy diciendo que sea fácil.

Algunas de tus memorias dolorosas son fuertes y obs-tinadas. Tienes que ser serio, insistir en soltar, y estar muy consciente. Tienes que creer en ti.

El papa Francisco dijo: «Conseguir la paz requiere coraje, mucho más que la guerra. Se necesita coraje para decir sí al encuentro y no al conflicto, sí al diálogo y no a la violencia».

Y no podemos hacerlo solos. Necesitamos ser humildes para reconocer que tenemos que trabajar conjuntamente con el Universo. Esta alianza es la fuente de la solución para todos nuestros problemas.

Todos pueden aprender a estar en paz

Es maravilloso observar cómo los niños pueden entrar tan fácilmente en Zero Frequency®, y cambiar sus actitudes de forma casi inmediata. En el preescolar de México del que ya hablé, se implementó una práctica para promover la gratitud. Cada día, entre las once y las once y diez de la mañana todos practican un «tiempo de gratitud». Se invita a los niños a hablar con un micrófono y compartir con los demás una cosa por la que están agradecidos. Los maestros me comentaron que alguna vez los niños incluso agradecen a una mosca que pasa su lado. ¡Maravilloso!

En México también tuve la oportunidad de dar algunas charlas en Kadima, una institución judía que ayuda a niños y adultos que sufren autismo y Síndrome de Down, y también en un hospital psiquiátrico. En ambos lugares escuché el mismo comentario: «¿Cómo es posible que los participantes estén tan silenciosos, se comporten tan correctamente, y permanezcan en la sala durante toda la presentación?». Los directores y cuidadores no podían dar crédito. En el hospital psiquiátrico, uno de los internados que siempre gritaba muy fuerte estuvo callado todo el tiempo que duró la presentación. Yo digo *gracias, Dios* por producir este efecto, incluso en estas personas especiales.

Tanto en Kadima como en el hospital psiquiátrico pedí a los participantes que dijeran algo al final. Y los que lo hicieron fueron los más «especiales». Fue muy emotivo escucharlos agradecer la presentación.

Los pacientes del hospital psiquiátrico y los miembros de Kadima aprovecharon la oportunidad para agradecer a sus familias y a quienes los cuidaban. Agradecieron a la misma vida. Fue maravilloso ver esta actitud en personas que, teóricamente, tienen problemas muy complicados.

Una niña de Kadima que estaba sentada en primera fila quería hablar y hacer comentarios todo del tiempo, incluso cuando puse un video. Ella insistía en saber de qué trataba del video. No tenía paciencia. Al ver su actitud comprendí que eso es exactamente lo que nos pasa todo el tiempo. No vivimos el momento. Queremos anticipar los resultados. Entonces le expliqué: «Mañana no es importante. Solo es importante el momento presente y nuestra experiencia en el ahora, en Cero». Ella me escuchó y lo comprendió. Y a partir de ese momento se quedó callada y tranquila.

Finalmente, en ese mismo viaje hice una presentación en México Sonríe, una fundación que ayuda a niños que padecen cáncer y a sus familias. Una vez más me sentí honrada de tener la posibilidad de dar la presentación y transmitir esperanza. Les ofrecí herramientas para lograrlo, y los ayudé a ver que todo es perfecto, que pueden empezar a ver la vida y las situaciones como las ve Dios, y no como las ven ellos y como las vemos todos (a través de nuestros recuerdos, opiniones y juicios). Les recordé que Dios no crea nada que no sea perfecto. Esta conciencia es algo con lo que todos tenemos que vivir, y si creemos en nosotros mismos podemos comprenderla.

El papel de las mujeres
en la paz del mundo

En un seminario que di en Hungría, una mujer me preguntó: «¿Por qué siempre hay más mujeres que hombres en este tipo de eventos?».

Yo le pregunté: «¿Quiénes son las personas que no sueltan, que no olvidan, y que recuerdan los momentos malos o tristes del pasado? Sí, nosotras las mujeres. Esta es la razón por la que necesitamos más entrenamiento para recordar cómo soltar, no tomarnos las cosas personalmente, y estar más presentes».

Cuando hablamos de la paz mundial, necesitamos acentuar la importancia del papel de las mujeres por muchas razones. Las mujeres están más conectadas con sus sentimientos, pueden abrirse más, y ser más flexibles y comprensivas. Ejercemos influencia sobre nuestros hijos porque pasamos más tiempo con ellos. Necesitamos dar ejemplo. Nuestros niños observan nuestras actitudes y conductas mucho más de lo que escuchan nuestras palabras.

Como mujeres necesitamos despertar, descubrir quiénes somos, volver a recuperar nuestro poder, y confiar en nuestra propia Inspiración. Las mujeres saben cosas, aunque a veces no pueden explicar cómo las saben. Ha llegado el momento de empezar a confiar en este saber. Las mujeres no somos tan débiles como la sociedad nos ha hecho creer. Por favor no interpretes que estoy menospreciando a los hombres, o que estoy sugiriendo que las mujeres debemos competir con ellos. Creo que se trata de complementarse, comprender que tenemos talentos diferentes, y distintas formas de pensar y de actuar; ni mejores ni peores. Pero son diferencias esenciales que deben ser honradas si queremos atraer más paz a nuestra vida. Y a partir de ahí, será más fácil que la paz se propague por el mundo.

Los hombres, las mujeres y los jóvenes pueden sumarse a mi campaña para la paz mundial «La paz interior es la paz mundial», cuyo lema es «La paz comienza conmigo». www.PazInteriorEsPazMundial.com.

Todos somos una gran familia

Tuve una experiencia de aprendizaje increíble durante un taller que di en Bristol, Reino Unido. La persona que organizó el evento era un hombre musulmán de gran envergadura procedente de Ghana. Él me recogió en el aeropuerto y cuando íbamos de camino al hotel me hizo una pregunta que me sorprendió: «Eres cristiana, ¿verdad?».

Como puedes imaginar mi respuesta fue: «No, soy judía».

Entonces el comentó que muchos de sus amigos musulmanes iban a asistir al taller. Acordamos encontrarnos más tarde para que me indicara lo que podía y no podía decir. Yo estaba un poco nerviosa porque en los seminarios siempre soy yo misma, muy espontánea. Y como ya he dicho, no preparo nada y no pienso de antemano en lo que voy a decir. Para mí es importante fluir y hablar desde la Inspiración.

Esa misma tarde tuve una reunión con los organizadores locales. Cuando abordamos el tema de lo que yo debía y no debía decir, comenté: «¡Quiero que sepáis que voy a decir todo aquello que Dios quiere que yo diga!».

A lo largo de todo el seminario los musulmanes se mostraron abiertos, flexibles y felices de escuchar lo que tenía que decir. La única persona que protestó fue una mujer cristiana practicante, que al principio cuestionaba todo lo que yo decía y no dejaba de preguntarme de dónde procedía la información. A medida que el seminario progresaba y empezábamos a desprendernos de nuestras memorias dolorosas, su actitud hacia mí se modificó. Comenzó a encontrar correlaciones entre lo que yo estaba diciendo y las enseñanzas que ella conocía a través de las escrituras cristianas, y recitó pasajes de la Biblia para demostrarlo.

La clase terminó siendo una graciosa «competición» entre Zero Frequency®, el Corán y la Biblia. Lo pasamos muy bien encontrando los puntos en común de todas las corrientes religiosas, y descubriendo que las diferentes escrituras en realidad decían lo mismo. Aquella fue una maravillosa confirmación de lo que yo estaba buscando en mis viajes, que todos somos una familia. Necesitamos soltar todavía más, mantener nuestras bocas cerradas y *escuchar.*

Estamos hablando de lo mismo

En mis viajes se me han brindado muchas oportunidades para practicar la paz y para ser testigo de ella. Durante un seminario de fin de semana que di en Chile, un hombre palestino se acercó a mí para decirme: «Cuando vi que tu apellido era de origen judío pensé: "¿Qué podrá enseñarme?". Y no me equivoqué, puesto que no estoy de acuerdo con nada de lo que nos has enseñado hoy».

Luego me contó en lo que creía él. Para su sorpresa, cuando terminó le dije que yo estaba de acuerdo con todo lo que había dicho.

«Por favor sé abierto y flexible, porque creo que quizás estamos usando palabras diferentes para describir las mismas ideas y creencias».

Al día siguiente el hombre volvió al seminario y compartió emotivamente una historia con los demás asistentes. La anécdota trataba de un episodio que había tenido con la policía la noche anterior. «Yo no dejé de repetir en ningún momento "Te amo", la herramienta que nos enseñaste ayer, ¡y gracias a eso la situación se resolvió!». Él estaba muy sorprendido por los increíbles resultados que había conseguido, y al final de la clase me dio un gran abrazo y exclamó: «¡Esta es la paz en Oriente Medio!».

Esta historia es importante porque demuestra que cuando abandonamos el intento de convencer a otros de nuestro punto de vista, permanecemos en Zero Frequency®. Cuando estamos en Cero, tenemos una actitud y una percepción diferentes. Cuando las personas se sienten aceptadas y respetadas, de pronto surge la paz. Sin embargo, sucede exactamente lo contrario cuando nos empeñamos en explicar las cosas una y otra vez para intentar convencer a los demás.

No estoy diciendo que sea fácil hacerlo en medio de un diálogo tenso. El día anterior cuando este hombre palestino me estaba diciendo que no estaba de acuerdo con nada de lo que yo estaba enseñando, mi intelecto se precipitó para decirme: «Devuélvele el dinero a este hombre y dile que puede marcharse». En vez de hacerlo, decidí dejarme fluir y no permitir que mis opiniones y juicios dominaran la situación. Al no permitir que la cháchara del ego determinara mi reacción, fui capaz de estar presente y escucharlo de verdad. Así es como me di cuenta de que estamos hablando de lo mismo pero poniéndole diferentes nombres. Fui capaz de practicar la escucha activa, que consiste en estar tan presente y atenta que empiezas a empatizar con la otra persona y comprendes sus motivaciones.

Cuando abandonas la necesidad de tener razón, súbitamente comprendes cosas, o se te ocurren ideas o soluciones inesperadas para los problemas, sin saber de dónde las has sacado. De esta forma, es mucho más probable que tu respuesta no alimente la tensión sino que, por el contrario, la disipe.

Necesitamos cambiar y perdonar

Este punto es esencial. Si queremos paz en el mundo es imperativo que comencemos a aceptar otros puntos de vista. Debemos aceptar que los demás no ven las cosas de la misma forma que nosotros. Esta conciencia me permite aceptarme tal como soy, y hacer lo que es bueno para mí. Ser plenamente yo me ayuda a aceptar que las otras personas sean plenamente ellas. Me ayuda a aceptar nuestras diferencias. La raíz de la falta de respeto hacia los demás es la falta del respeto hacia uno mismo.

Si no creemos en nosotros mismos no podemos respetar a los demás. Sentimos constantemente la necesidad de defender nuestro punto de vista, nos tomamos las cosas a nivel personal, interpretamos una diferencia de opinión como un ataque. De allí la necesidad de que los otros vean exactamente lo que nosotros vemos y sentimos. Este es precisamente el origen de todas las guerras.

Cuando voy a Israel, en mis presentaciones puedo decir cosas que no podría decir si los asistentes no fueran judíos. La audiencia se ofendería. ¿Y qué es lo que les digo? Que si no cambiamos y actuamos de un modo diferente, no podemos esperar que los otros lo hagan. Que si no somos capaces de perdonar, si continuamos considerándonos víctimas, no acabaremos con este conflicto entre israelíes y palestinos que ya dura demasiado tiempo.

Alguien tiene que asumir la responsabilidad y decir: «Pido perdón por lo que sea que hay en mí que atrae este odio». Como es obvio, ese «algo» que atrae el odio son las memorias; las memorias que nos dicen que hay que culpar a otra persona; que son los demás quienes deben cambiar; ¡que nosotros somos perfectos! ¡Estas memorias incluso nos dicen que somos los elegidos! Bien, ¿quién va a encender la luz? ¿Quién va a hacerse responsable de las memorias dolorosas que siguen actuando en nuestra mente? Alguien tiene que encender la luz. Y cuando alguien lo haga, se encenderá para todo el mundo. La luz no discrimina. ¿Acaso no has notado que el sol brilla para todo el mundo? ¡Esta es la única forma de conseguir la paz! La mayoría de esas memorias proceden de nuestros ancestros y están arraigadas en nosotros desde hace generaciones. Esas guerras pasadas no tienen nada que ver con lo que está sucediendo ahora mismo. Son solamente memorias heredadas.

¿Dónde está la solución?

En un seminario que di en Hungría, una mujer que había asistido a todos mis talleres levantó la mano para preguntarme si yo consideraba que era adecuado participar en manifestaciones por la paz. Yo le pregunté: «¿En el pasado, has observado que estas manifestaciones fueran efectivas? ¿Te ofrecen las respuestas o los resultados que tú estás buscando?».

Ella me respondió: «No mucho».

Entonces añadí: «Puedes ir a esas manifestaciones, pero si lo haces debes asegurarte de asumir la responsabilidad al cien por ciento, presionar la tecla "Suprimir" y dejar que Dios lo borre».

Tenemos que darnos cuenta de que las soluciones no están en este plano. ¡Hay que dejar de pensar, de discutir y de manipular! Necesitamos tomar conciencia de que existe una mente más inteligente que la nuestra. Como ya he mencionado, esa es la sabiduría que concibió el cuerpo humano, los océanos y las flores. Yo lo llamo Dios. Tú puedes llamarlo como quieras, pero debes ser consciente de que hay una mente más inteligente que puede manifestarse brindándonos soluciones mucho mejores que las que nos ofrece nuestro intelecto.

Los judíos tienen muchos relatos demilagros en su historia ancestral. ¿Cómo puede ser que hayan ganado guerras cuando eran tan pocos y prácticamente no tenían armas? Esto fue posible porque fueron creyentes. Ellos *creían*. No tenían educación, pero sabían soltar y dejar que Dios obrara. ¡Ellos tenían fe! Pedían ayuda y guía, y las recibían de las fuerzas del Universo. No lo hacían solos.

Las soluciones a *todos* nuestros problemas proceden del espíritu. Pero seguimos mirando en el lugar equivocado, y haciendo las preguntas erróneas. Todos los problemas que tenemos, incluida la escasez de agua y alimentos ya están solucionados. Solo que los grupos de poder, con sus intereses particulares y su necesidad de controlar y manipular, se dedican a demorar el proceso de implementar esas soluciones. Todas las soluciones que ha necesitado la humanidad, todas las ideas innovadoras que hicieron que el mundo evolucionara, han provenido siempre de científicos con una mente lo suficientemente abierta como para recibirlas. Y, afortunadamente, cada vez hay más y más científicos de este tipo.

De manera que necesitamos ser humildes, dejar de pensar (intelecto), y vivir en Cero (presente). Es esencial estar atentos y abiertos, ser conscientes y flexibles mientras afrontamos nuestros desafíos, y dar lo mejor de nosotros mismos para traer la paz al mundo. Zero Frequency® es la pieza que falta en el rompecabezas.

Conecta con ZERO *frequency*

Si queremos obtener la paz en un mundo donde existen la violencia y el odio, debemos encontrar la paz interior. Cuando encontremos la paz interior seremos capaces de propagar la paz en el mundo. A través de la conciencia, todo es posible. Para ser agentes de la paz necesitamos tener paz en nuestro corazón. He aquí algunas formas para conectar con Zero Frequency® practicando la paz:

1. Escucha con atención. Dile a tus juicios: «Gracias, pero no, gracias», y permanece en el presente. Cuando tú escuchas realmente a los demás sin suposiciones ni prejuicios, eres más capaz de escuchar sus opiniones y ofrecerles tu compasión. También eres más capaz de escuchar y ver su verdadero ser y sus intenciones. Este es el camino hacia la paz.

2. Abandona los juegos de excusas y culpas. Deja de juzgar y de convencerte de que eres mejor que otros. Cuando sientas la tentación de *calificar* a

alguien, piensa en las cosas que admiras y aprecias en esa persona.

3. Recuerda que nadie te debe nada. Cuando consideras que los demás tienen más que tú, cuando sientes que el Universo te ha dado poco a cambio, cuenta tus bendiciones. Recuérdate: «Soy capaz de hacerlo. Todo lo que necesito está dentro de mí. El Universo está allí, apoyándome en cada paso del camino».

4. Vive la vida como si este día fuera lo único que tuvieras, y trata a las otras personas como si a ellas les ocurriera lo mismo. Cuando vives de este modo es fácil perdonar, soltar y hacer las paces contigo mismo y con los demás. No dejes el perdón para mañana.

5. Reflexiona sobre las personas que han tenido la mayor influencia en tu vida, y por qué. Recuerda los momentos en los que recibiste un gesto amable o compasivo que no esperabas. Recuerda algunas palabras que hayas leído, algunos lugares, o algunas actividades que hayan tenido un impacto positivo en tu vida.

6. En el libro del Instituto Arbinger de 2009, *Leadership and Self-Deception: Getting Out of the Box* [Liderazgo y autoengaño: Salir de la caja], el autoengaño

se describe como una «caja» en la que vivimos, inconscientes. Una forma de salir de la caja es cambiar tu vibración disfrutando de algo que te guste mucho, como por ejemplo una música que te inspire y te conecte con tu verdadera esencia.

7. Si quieres que haya más paz en tu vida y tener relaciones más tranquilas, asume la responsabilidad y deja de culpar y de quejarte. Toma conciencia de que hay algo en ti que atrae el problema. Tú lo has creado; ¡tú puedes cambiarlo!

Puedes encontrar más recursos de Zero Frequency® en: www.zerofrequency.com/recursoslibro.

Capítulo 10

Practica la abundancia

*Las verdaderas riquezas son las riquezas
que poseemos en el interior.*
B. C. Forbes

Todos queremos abundancia, y en nuestra búsqueda de una vida más abundante, tomamos clases, leemos libros, asistimos a conferencias. Con todo, rechazamos cualquier cosa que nos parezca muy simple. Estamos tan programados para la infelicidad que consideramos que la felicidad es sospechosa. Estamos tan programados para la carencia, que tratamos la abundancia como si fuera sospechosa. Si vemos a alguien que no está preocupado, lo llamamos «irresponsable». Si vemos a alguien feliz, pensamos que está «tramando algo». Y aun así, ser feliz y estar satisfecho es muy fácil, básicamente se trata de asumir toda la responsabilidad. Ya hablé de este tema. Y ser feliz y estar satisfecho *es* vivir en la abundancia. Esa es nuestra condición natural. Nuestros mayores sueños y nuestros deseos más profundos son fáciles de cumplir cuando estamos en Zero Frequency®.

Alguien me preguntó en una ocasión como definía yo el éxito. Para mí el éxito tiene que ver con la capacidad de ser feliz sin tener ningún motivo en particular. Una persona feliz ya ha conseguido el éxito, porque no tiene apegos ni expectativas. Nuestro objetivo debería ser levantarnos por la mañana y sentirnos en paz, más allá de los problemas que podamos tener. No se trata de buscar una vida perfecta en la cual no haya conflictos. Lo que tenemos que buscar es una forma de entender los problemas como oportunidades que nos ofrece el Universo para que podamos llegar a conocernos, crecer y liberarnos.

La capacidad de ser feliz y de estar en paz sin ninguna razón específica, ofrece oportunidades y abundancia, y las puertas comienzan a abrirse. Antes de que empezara a practicar Ho'oponopono yo no creía en ninguna de estas ideas. Solía pensar que el dinero llegaba a aquellos que ya tenían dinero, y que uno tenía que trabajar muy duro para conseguirlo. Pero luego comencé a advertir que las personas que tenían dinero no pensaban en él, ni se preocupaban por él. La mayoría de nosotros hacemos exactamente lo contrario, incluso aunque tengamos dinero. Y de esta forma detenemos su flujo natural. En cuanto comprendí esto empecé a decir a mis hijos adolescentes que su trabajo era ser felices. Les pedí que observaran todas las cosas buenas que les pasaban a las personas felices, y cuán «afortunadas» parecían ser.

No deberíamos esperar a tener éxito, en el sentido que lo definen nuestra familia o la sociedad. La primera opción en nuestra lista debería ser la felicidad. Albert Schweitzer dijo: «El éxito no es la clave de la felicidad. La felicidad es la clave del éxito. Si te gusta lo que haces, tendrás éxito». Cuando te sientes dichoso, eres tú mismo y te dejas llevar por el fluir de los acontecimientos. Ese fluir te lleva al lugar correcto, al momento perfecto, y a las personas adecuadas. De repente tú eres «afortunado». Todo empieza a funcionar y tú encuentras el tiempo, la energía y, lo que es más importante, la voluntad para hacer todo lo que necesitas hacer. Cuando te sientes feliz estás en Zero Frequency®. Dejas de ser un obstáculo en tu propia vida porque ya no reaccionas emocionalmente. Estás presente, libre y abierto, y todo llega a ti fácilmente. Vivir en la abundancia empieza por ser nosotros mismos. Todo llega a nuestra vida porque nos sentimos en paz y somos felices sin tener ninguna razón en particular.

¿Quieres tener éxito y convertirte en un millonario para sentirte mejor o para ser admirado por los demás? ¿Lo haces para demostrarte a ti mismo que puedes hacerlo? Si lo haces por alguno de estos motivos, te resultará muy difícil atraer las riquezas que deseas. El dinero va y viene. Espero que hagas tu trabajo porque te gusta, porque quieres contribuir, o porque tienes un propósito. De ese modo atraerás riqueza sin ningún esfuerzo.

En su libro *El vendedor más grande del mundo,* Og Mandino dice: «El dinero, hijo mío, nunca debería ser un objetivo en tu vida. La verdadera riqueza está en el corazón, y no en la cartera... No, hijo mío, no aspires a la riqueza ni trabajes únicamente para ser rico. Lucha para conseguir la felicidad, para ser amado y amar y, lo más importante, para alcanzar la serenidad y la paz mental».

Cualquier cosa que hagas, sea para obtener ganancias económicas, para ofrecer tus servicios como voluntario, o para realizar un proyecto artístico o científico propio, tienes que dar lo mejor de ti. Incluso si ahora mismo todavía no estás satisfecho con lo que haces, sigue esmerándote. El Universo te está observando. Un aumento de sueldo, un nuevo puesto de trabajo, una oportunidad comercial, o una inspiración creativa no llegarán desde donde tú crees que van a venir. ¡Y te sorprenderás!

No malgastes tu tiempo esperando obtener dinero para estar contento. No hay suficiente dinero en el mundo que pueda hacerte feliz; no hay autos ni casas lo suficientemente grandes como para hacerte feliz. Entonces, ¿vas a seguir mirando hacia afuera? Es hora de que despiertes y tomes consciencia. Es hora de que tomes mejores decisiones. La posibilidad de cambiar tu vida está en tus manos. Y por supuesto, en tus pensamientos.

Vive cada momento plenamente. Todos los momentos que se viven al máximo son en sí mismos una expresión de éxito. Alcanzar el éxito no es la meta final. Cualquiera que aspire a conquistar una meta futura vive bajo una gran tensión y angustia. Esa esperanza destruye su vida. No se percata de que el objetivo último debe ser vivir en el aquí y ahora. Olvídate del éxito y busca la felicidad. Haz las cosas que te hacen sentir bien. Sigue siempre tu corazón y vivirás en la abundancia; tendrás todo lo que necesitas e incluso más.

¿Éxito o fracaso?

¿Recuerdas que te hablé de mi programa de televisión? Quiero compartir ahora otra historia que tiene que ver con esa experiencia. Producir un programa de televisión requiere un montón de dinero, tiempo y esfuerzo. Podría haberme comprado una casa al contado con el dinero que invertí en mi programa.

Cierto día le dije a Dios: «Si tuviera que hacer el programa de nuevo, lo haría, pero necesitaría una señal. Necesito una confirmación». Luego le di una idea acerca de cómo darme esta señal. Le dije: «Dios, si se supone que no debo hacer ese programa no debería recibir el contrato del canal de televisión. Si recibo el contrato lo firmaré, de manera que si no quieres que haga el programa haz algo para que yo no lo reciba».

Al día siguiente, mi maestro el doctor Ihaleakalá me llamó para decirme: «Necesito hablar contigo. Quería contarte que, aunque no estaba pensando en ti ni en tu programa de televisión, durante mi meditación escuché a la Divinidad decirme claramente: "Dile a Mabel que debe hacer el programa de televisión"».

Yo estaba verdaderamente impresionada. Dios había encontrado una forma más clara y mejor de enviarme una señal de lo que yo había previsto.

Al recibir el visto bueno, mi señal del Universo, seguí adelante con la producción. Alquilamos una mansión en Los Ángeles y creamos un programa diario que era una maravilla. A lo largo del camino mi productor no dejaba de preguntarme si sabía en lo que me estaba metiendo. Y yo le respondía una y otra vez: «Claro que sí. Dios está de nuestro lado».

Después de hacer un trabajo durísimo y de invertir cientos de miles de dólares, presenté el proyecto a muchos patrocinadores que habían manifestado su interés en él. Nadie firmó. Ninguno de ellos nos dio dinero. Pasó un mes y yo seguía pagando las facturas. No llegaba ni un centavo de ningún lado. De manera que le pedí al doctor Ihaleakalá que meditara y comprobara si había habido algún malentendido. El meditó y preguntó, y luego me dijo que había recibido el mensaje de que yo ya había completado todo lo que necesitaba hacer espiritualmente, y que podía abandonar el programa de inmediato.

Entonces mi intelecto tomó el mando. «¿Qué? —contesté—. ¿Dejar el programa ahora? ¿Después de todo el dinero que he invertido? No, de ninguna manera. Estoy convencida de que cerraremos algunos tratos con los patrocinadores y el dinero comenzará a llegar en cualquier momento».

Seguí adelante un mes más. Y continué pagando los gastos, sin que entrara ni un solo céntimo. Excepto que esta vez, ya no eran solamente mis ahorros los que estaba gastando. Había pedido dinero prestado y terminé endeudada. Finalmente, dejé de esperar, de pagar, y de intentarlo. Y entonces comprendí que la razón por la cual se me había pedido hacer el programa era que yo tenía que *pagar una deuda espiritual*. Algunas veces seguimos adelante con un proyecto o una idea con la esperanza de que el único resultado sea ese resultado positivo al que denominamos «éxito». Y no nos damos cuenta de que lo realmente importante es *la experiencia y la oportunidad de enmendar algo*.

¿Comprendes ahora que la Divinidad encuentra la forma de comunicarse con todos nosotros? Independientemente de que le pidas una señal o medites a la espera de una respuesta, Dios te responde. La clave es que tú tienes que escucharlo, incluso cuando te parece que la respuesta no tiene sentido, y especialmente cuando preferirías una respuesta diferente. Si yo hubiera prestado atención al mensaje de Dios tal como se lo transmitió al doctor Ihaleakalá, y hubiera abandonado el programa el primer mes, podría no haber terminado endeudada.

El hecho de que obedezcamos la guía que pedimos, y hagamos lo que es correcto en el nivel espiritual no significa que el camino siempre será fácil. Lo que *sí* significa es que será perfecto para ti, y que te ofrecerá la oportunidad de hacer correcciones. No siempre nos damos cuenta, ni comprendemos, en qué sentido una experiencia puede ser provechosa para nuestro viaje personal. En todas esas ocasiones en las que nos quejamos, pensamos que hemos fallado o perdido, o creemos que las cosas son injustas, no estamos reconociendo que *todo es perfecto*. Pensamos que hemos perdido, cuando en realidad hemos ganado muchas cosas.

Practicar la abundancia no significa que nunca tendrás un fracaso. Simplemente quiere decir que tú te mantienes abierto para recibir todas las bendiciones, incluso las que llegan a nosotros enmascaradas.

Déjame decirte que justamente después de esos dos meses, comenzaron a llegar invitaciones (que ya nunca dejaron de llegar) para que diera seminarios en diferentes partes del mundo. Firmé muchos contratos. Esto me recuerda algo que me dijo mi maestro cuando comencé a promocionar y organizar los seminarios de Ho'oponopono para él en 1998. Cierto día me llamó para decirme: «No sé si vas a ganar dinero organizando estos seminarios, pero puedo asegurarte que el dinero llegará de algún lado».

Algo que aprendí muy pronto en el camino que recorrí junto a él tiene que ver con ayudar a los demás y con el dinero. La primera vez que mi maestro vino a Los Ángeles para un evento que yo estaba organizando, le mencioné que muchas personas querían venir al seminario pero no podían pagarlo. Su respuesta fue: «Tú puedes hacer lo que quieras, pero debes saber que cuando ayudas a alguien a cruzar el río, esa persona no solo pierde la oportunidad de aprender algo que podía haber aprendido si hubiera cruzado el río sin ayuda, sino que además *tú* cargas más piedras en tu mochila, y tienes más cosas que corregir, porque ayudar no era lo correcto».

Para crear cualquier cosa sostenible en tu vida —relaciones, expresión artística, negocios innovadores, servicio a la sociedad— desde el estado mental que te brinda Zero Frequency® debes deshacerte de inmediato de las ideas de fácil y difícil, éxito y fracaso. Y esto significa desprenderse de la ansiedad del éxito (futuro) y del miedo al fracaso (pasado).

Este punto de vista es plenamente compartido por Osho. Él afirma que si solamente pensamos en el éxito, inevitablemente tendremos que soportar un pensamiento de fracaso. De acuerdo con Osho, si pensamos en el éxito no llegaremos a alcanzarlo porque nos estamos proyectando en el futuro en vez de estar plenamente presentes en nuestro trabajo. En esa proyección hacia el futuro habrá codicia, ambición y ego. Y también experimentaremos miedo —el miedo de no tener lo que deseamos— el miedo al fracaso. Osho toma esta frase de Lao Tse: «Trabaja tranquila y silenciosamente, sin que te perturbe ninguna idea del éxito ni del fracaso». Y concluye: «No mires demasiado lejos, de lo contrario te perderás el siguiente paso. El éxito llega por sí mismo. Déjalo en paz... Si tu trabajo apunta en la dirección correcta con el esfuerzo adecuado, y todo tu ser está volcado en él, la recompensa se produce automáticamente».

Cuando esperamos soluciones rápidas y beneficios económicos excepcionales, nos olvidamos del consejo de Osho. Cuando perseguimos el éxito en vez de dejar que llegue a nosotros por sí mismo, no estamos actuando desde una mentalidad de abundancia. Y si pese a tener esa actitud se da el caso de que somos afortunados y tenemos éxito, no estaremos preparados para la realidad. Este es el motivo por el cual muchas personas que ganan la lotería se declaran en bancarrota entre tres y cinco años después de haberla ganado.[*] Siguen viviendo y tomando decisiones con una mentalidad de carencia, que al final se convierte en realidad.

No dejes que tus circunstancias te definan. Debes estar dispuesto a asumir riesgos, a ofrecerte la mayor cantidad posible de oportunidades. Abre tu mente y avanza paso a paso. Haz algo que sea simple y fácil, y que sabes que eres capaz de hacer. Debes sentirte bien para poder convivir con los fracasos, los errores, las respuestas negativas y las derrotas, sin tomarlos como algo personal. Abandona el miedo al fracaso. Prepárate para sentir el miedo, y hazlo de todos modos. Me encanta la forma en que lo expresa Og Mandino: «Nunca te avergüences de haberlo intentado y haber fracasado, porque el que nunca ha fracasado es el que nunca lo ha intentado. Nunca fracasarás si tu determinación a triunfar es lo suficientemente fuerte».

Cuando practicas la abundancia no vives los contratiempos ni los rodeos como fracasos. No siempre

---

[*] «The Financial Consequences of Winning the Lottery», Hankins, Scott; Hoekstra, Mark; Skiba, Paige Marta. *The Review of Economic and Statistics*, vol. 93, Issue 3, agosto de 2011, pp. 961-969.

comprendemos por qué algo no ha funcionado, pero si tenemos una mentalidad de abundancia sabemos que, en última instancia, todo lo que sucede es por nuestro propio bien, y por el bien de la humanidad.

La pasión es tu verdadero norte

Algunas veces el problema es que no sabemos lo que queremos. Y en ese caso, pase lo que pase, siempre nos sentimos desdichados. Tal vez lo correcto y lo perfecto, y lo que nos hará infinitamente felices, está justamente frente a nosotros pero no lo reconocemos porque estamos siempre mirando «hacia fuera», haciendo comparaciones, y centrándonos en lo que creemos que nos falta. Por este motivo es fundamental que confiemos en nosotros mismos y en nuestros talentos. Si nos atrevemos a ser nosotros mismos, y a hacer lo que nos apasiona, lo que nos encanta, lo que nos hace felices, tendremos la brújula en nuestras manos y ya nunca volveremos a perder el rumbo. Esta brújula nos conecta con Zero Frequency®, y siempre nos llevará de vuelta a nosotros mismos. Es nuestro verdadero norte.

Si no sabes lo que harías si el dinero no fuera un problema, mantén tu mente abierta y así serás capaz de reconocer tu camino cuando se presente ante ti. Cuando te encuentres ante una oportunidad, ten la absoluta certeza de que las cosas van a funcionar. No tengas miedo de comprometerte, y haz lo que necesites hacer. Mantente receptivo a nuevos enfoques. Pon la pasión en primer lugar, y el dinero en el último. Si te gusta lo que haces y lo disfrutas, atraerás automática y naturalmente el dinero y todos los recursos que necesitas para materializar los deseos de tu corazón.

Permanece consciente, flexible, vigilante y concentrado. Es probable que se abran nuevos caminos, y tú no deseas desaprovecharlos. Tu compromiso con el deseo de tu corazón siempre te respaldará para impedir que las distracciones te desvíen de tu camino. En algunas ocasiones necesitarás «trabajar» un poco, pero recuerda que cuando haces lo que te gusta no puedes llamarlo trabajo. Cuando haces lo que te gusta, no eres consciente del paso del tiempo. No miras ansiosamente tu reloj esperando que el tiempo pase para cerrar de una vez por todas el manuscrito que está sobre tu escritorio, o guardar tus pinceles y tus lienzos, y volver a casa. Lo estás pasando muy bien. ¡Eres feliz!

Comprender por qué hacemos las cosas que hacemos, nos ayuda a hacer todo el «trabajo necesario» de la vida, las tareas y acciones que a pesar de ser tediosas o complicadas nos ayudan a vivir nuestra pasión. Cuando tu pasión esté alineada con el trabajo que se requiere para vivirla, ya no postergarás nada. Durante una conferencia que di en Bogotá, una madre levantó su mano para decir: «Mabel, tenemos que disciplinar a nuestros hijos. Por ejemplo, mi hijo trajo malas notas del colegio, y yo le dije que no podría ir al fútbol ese fin de semana».

Yo le respondí: «Cuanto antes aprendamos que nuestras acciones tienen consecuencias, tanto mejor. Nosotros los adultos también sufrimos las consecuencias de nuestros actos. Estamos donde estamos como consecuencia de nuestros pensamientos, acciones y emociones. Yo no lo llamaría disciplina, ni recompensas, ni castigos, son consecuencias. De modo que yo le diría por anticipado a tu hijo: "Si sacas buenas notas podrás ir al fútbol, pero no irás si las notas son malas. *Lo que tú decidas hacer estará bien.* Yo te seguiré queriendo independientemente de lo que hagas. Todo estará bien, pero tú debes decidir lo que quieres hacer"».

A continuación un hombre levantó su mano para comentar que el niño que no pudo ir al partido de fútbol estaba en la sala, y me pidió que hablara directamente con él. Entonces le dije: «Escucha, me encanta lo que hago, pero esta vida viene en un paquete, y ese paquete incluye un montón de tareas que no me gusta hacer. Las hago porque sé que forman parte del paquete. Y yo sé *por qué* las hago».

Es muy importante saber *por qué* haces las cosas que haces. Cuando sientes pasión por algo, entonces tienes más ganas de ocuparte de la parte del paquete (el proceso) que es necesaria para llegar a donde tú quieres ir.

Como ya he mencionado, Joseph Campbell dijo: «Persigue tu felicidad. Si lo haces te colocas en una especie de pista que ha estado siempre allí esperándote, y la vida que deberías vivir es la que estás viviendo. Cuando te das cuenta de esto, empiezas a conocer a las personas indicadas en tu área de felicidad, y ellas te abren puertas. Si no tienes miedo, las puertas se abrirán allí donde tú nunca hubieras pensado que iba a suceder. Si persigues tu felicidad, se abrirán puertas para ti que no podrían haberse abierto para nadie más».

La idea del millón de dólares procederá de la Inspiración. Aparecerá durante un sueño, mientras te estés duchando o dando un paseo, y no cuando te dediques a analizar la forma de descubrirla, o hagas un esfuerzo para que se te ocurra esa idea. Si decides seguir esa idea, como dijo Campbell, todas las puertas se abrirán para ti. De manera que no te dejes llevar por tu falta de confianza en ti mismo, ni por los pensamientos de autohumillación o menosprecio que son tan agotadores. Ten paciencia. Persiste. ¡No te rindas! Eso es lo que significa vivir en Zero Frequency®, momento a momento, día tras día; sosteniendo en tu mano la llave para la felicidad y el éxito.

Recuerda que nuestras mentes están programadas por nuestras experiencias y por los mensajes que recibimos de los demás, o a través de los medios de información y la sociedad. ¿Realmente deseas tener dinero y éxito? ¿El sueño que quieres cumplir es realmente tuyo, o lo has tomado prestado de otra persona? ¿Tu propósito en la vida ha sido una imposición de un miembro de tu familia? Si todavía sigues sintiendo lo mismo, te ruego que vuelvas a leer el capítulo dos: el viaje de vuelta a ti mismo. Y, por favor, suelta y haz todo lo que puedas para conectar con Cero.

Igual que sucede con muchas cosas, encontrar tu propósito es fácil. Todo lo que debes hacer es aquello que te hace feliz. Todo lo que debes hacer es perseguir tu felicidad, incluso cuando el camino no parece estar muy claro. Coloca tu mano en la mano de Dios, y sigue andando en dirección a lo que te hace sonreír, a lo que te ilumina por dentro. Este es tu propósito.

El dinero sigue al amor

Con frecuencia la *pasión* se confunde con la *ambición*; pero deberías distinguirlas. Considero que las personas que tienen éxito son las que se valoran a sí mismas y persiguen sus sueños no por cuestiones económicas sino por lo que su alma desea. La idea tan arraigada de que el dinero da la felicidad es una de las equivocaciones y las falsas creencias que más prevalece en nuestra civilización. En general, cuando preguntamos a las personas qué es lo que quieren ser, suelen responder que quieren ser millonarias. ¡Y ese es un objetivo equivocado! Si preguntas a alguien que ya es millonario, te dirá que su objetivo nunca ha sido el dinero, sino poder hacer más cosas que le gusten. Todas las personas de éxito coinciden en afirmar que todo lo que hicieron lo han hecho por pasión, y no por dinero. ¿Lo ves? Ellos no tenían ningún objetivo específico, y sin embargo el dinero llegó a su vida. Ellos confiaron, dejaron a un lado los objetivos propios y la planificación, y se desentendieron de los resultados esperados.

Hemos aprendido a trabajar por dinero, pero esa no es una motivación adecuada ni sabia, ni siquiera es práctica. No nos hace felices, y tampoco nos ofrece la paz que estamos buscando. No nos brinda la seguridad que ansiamos. Es esencial que tomes conciencia de que debes cambiar la programación que te indica en qué debes trabajar teniendo en cuenta únicamente las ganancias económicas. La clave es descubrir tus talentos y las actividades que te despiertan pasión. Consigue que uno de tus objetivos principales sea hacer el trabajo que te encanta. Si no lo logras, tus oportunidades de fracasar en un negocio y en la vida, serán mucho más altas que tus probabilidades de éxito.

En su libro *Nacidos para correr*, Christopher McDougall transmite un mensaje que para él fue de gran ayuda cuando era un corredor de fondo:

«En tu corazón hay dos diosas —le dijo (un indio Tarahumara de México)—. La diosa de la sabiduría y la diosa de la riqueza. Todo el mundo piensa que hay que conseguir primero la riqueza, y que luego llegará la sabiduría. Entonces todos se preocupan por ganar dinero. Sin embargo, lo entienden al revés. Primero tienes que ofrecer tu corazón a la diosa de la sabiduría, ofrecerle todo tu amor y tu atención, entonces la diosa de la riqueza se pondrá celosa y te seguirá».

Somos ricos cuando tenemos una mentalidad de abundancia y anteponemos el amor a todo lo demás. Es posible que cuando nos dedicamos a hacer lo que nos gusta el dinero no llegue inmediatamente a nuestra vida, pero si perseveramos y confiamos comenzará a fluir cada vez más fácilmente. De manera que si lo que haces responde a la llamada de tu corazón, no necesitas preocuparte porque todo lo demás llegará a tu vida por sí mismo, sin ningún esfuerzo. Cuando practicas la abundancia, te conviertes en un imán para todo aquello que necesitas o deseas.

¿Cuál es tu talento?

Si alguna vez has sentido que no tienes ningún talento especial, ni propósito, ni pasión, no estás solo. Hay muchas personas que intentan descubrir cuáles son sus habilidades, qué es lo que les gusta. Muchas creen que no tienen nada especial para ofrecer al mundo, y que nunca descubrirán cuál es su pasión. No se dan cuenta de que están escuchando a su intelecto.

El intelecto está obsesionado por saber y comprenderlo todo. Quiere verificar cosas, evaluar riesgos, determinar la viabilidad de una idea. Para conectarte con tu pasión y descubrir tu talento debes confiar en tu corazón. Es la manera de estar abierto a las posibilidades, a ocupaciones que quizás aún no has considerado, y a esas habilidades innatas que todavía no has descubierto. Por ejemplo, ser organizado es un talento. Puedes ayudar a las personas que son desorganizadas y conseguir que su vida sea más fácil. Ser honesto también es un talento, tal como lo son saber escuchar y tener una actitud positiva.

En cierta ocasión hice un ejercicio en el que me pidieron que nombrara dos de los talentos que utilizaba cuando interactuaba con otras personas. Mi respuesta fue: mi pasión y mi entusiasmo. ¿Considerarías que estas cualidades son talentos? Tal vez no. Sin embargo, para mí lo son. Yo recurro a mi pasión y a mi entusiasmo para ayudar a las personas a conectar con su verdadera esencia. Yo no me puse a pensar en la respuesta, la respuesta surgió plenamente de la Inspiración. Como es evidente, existen muchos otros talentos, esos que tienen más reconocimiento público, como pueden ser tener una gran voz para cantar, o una resistencia y una fuerza muscular como para ser un corredor de primera línea. Sin embargo, quería mencionar algunos talentos que a menudo son subestimados y que, cuando se utilizan, pueden ser realmente útiles para ayudar a los demás.

Y si tú también te conectas con Zero Frequency®, ¡no hay palabras para describir cuánta ayuda puedes ofrecer! Tu contribución será magnífica, y mayor de lo que jamás has podido imaginar. ¿Por qué? Porque cuando asumes la responsabilidad y sabes que las personas que aparecen en tu vida te dan la oportunidad de corregir todo lo que está pasando dentro de ti, todo lo que se corrige en ti también se corrige en ellas. Tenemos memorias comunes, ¿recuerdas? Por lo tanto, cuando cambiamos todo el mundo cambia. La sanación se produce en ambas direcciones. Tener esta conciencia, ser terapeuta, ser padre o madre, o un profesional de cualquier tipo, resulta así mucho más fácil y más gratificante.

¿Te gusta el contacto con la gente? ¿Te gusta un determinado tipo de producto o servicio? Concédete permiso para hacer lo que te gusta, lo que te apasiona, y convertirte en tu propia brújula. Lo que te gusta hacer, y la forma en que lo utilizas para interactuar con otras personas y ayudarlas, podría ser la luz que te guíe para encontrar la profesión perfecta para ti.

Algunas veces descubrimos o tomamos conciencia de nuestra pasión de inmediato, pero no ocurre lo mismo en otras ocasiones. Al principio, yo no pensaba que ser maestra o conferencista podría realmente ser lo mío, ¡hasta que poco a poco me fui dando cuenta de que me gustaba tanto hacerlo que podría haberlo hecho gratis! Si no tienes claro cuál es tu talento de una forma inmediata, investiga y prueba diferentes cosas. Es probable que creas que algunas te despiertan pasión, pero más tarde tal vez descubras que no es así. No hay problema. Solo debes seguir intentándolo.

Mientras buscas tu talento, puede que estés haciendo cosas que realmente no disfrutas, y sentirlo como un «fracaso». Pero eso no es verdad. El proceso es como caminar a través de un pasillo para encontrar la habitación correcta. Cada vez debes cerrar una puerta para abrir otra. Probablemente tendrás que tener mucha paciencia, pero llegará el día en que tu pasión se revelará en toda su gloria.

Es importante seguir probando y disfrutando del proceso. Siéntete agradecido en cada paso del camino. Es mejor ser paciente y humilde, y reconocer que estás dando tus primeros pasos. Esto es fácil de conseguir cuando practicas la abundancia. En este sentido, debes desprenderte de tus expectativas asociadas al dinero, confiar y permitirte ser guiado por lo que te gusta y por lo que te atrae. No pienses demasiado.

En muchas ocasiones una buena forma de comenzar tu viaje es hacer voluntariado. A menudo aconsejo: «Si te gusta cocinar, ¿por qué no trabajas como voluntario en un restaurante para poder aprender aunque no te paguen?» o «Empieza por cocinar en casa». No sería la primera vez que alguien empieza a cocinar en casa y termina teniendo una cadena de restaurantes que más tarde se convierte en una franquicia. Yo empecé esta nueva carrera docente como una afición, trabajando como voluntaria.

Un buen ejemplo de esto es Albert Einstein. Él amaba la ciencia, pero inicialmente no era un científico de profesión. Tenía un trabajo como asistente técnico en una oficina de patentes suiza. Pero mientras estaba trabajando allí para pagar sus facturas, escribió cuatro de sus artículos más importantes. Esta es a veces la forma de empezar. En otros casos, la clave es encontrar tiempo para hacer lo que nos gusta en medio de nuestras obligaciones cotidianas. Cuando comienzas a buscar, el Universo te ofrece las situaciones adecuadas, pero eres tú quien debe dar el paso inicial. El primer paso es tomar la decisión real de descubrir tu talento y tu pasión. Y no puedes permitir que tus problemas económicos te detengan. Te lo diré una vez más, y todas las que haga falta, el Universo sabe «cómo hacerlo», ¡está esperando que des el primer paso y confíes!

Estás precisamente allí donde se supone que debes estar... hoy

En 2003 comencé a trabajar con redes empresariales en Los Ángeles, y viajé a Tailandia y Corea con uno de los grupos. Todavía tenía mi estudio de contabilidad, y durante el viaje trabajé para terminar mi primer libro.

En el hotel de Seúl encontré las enseñanzas de Buda en la mesilla de noche de mi habitación. Miré el libro y pensé: «Me encantaría leerlo pero no tengo tiempo». Decidí abrirlo de vez en cuando, y leer solamente la página en la que lo había abierto. Y lo que leí me pareció tan profundo que decidí incluirlo en mi texto. Luego advertí que el libro había sido impreso en la Ciudad de la Industria, California, donde yo tenía clientes a los que asesoraba como contadora, y a quienes visitaba una vez al mes. De manera que pensé que la próxima vez que fuera ver a mis clientes visitaría esa imprenta.

En aquella época no teníamos GPS y utilizando mis mapas de carretera no me resultó fácil encontrarla.

Cuando por fin llegué, descubrí que estaba en una nave industrial. De cualquier manera decidí entrar. El lugar era enorme, y dentro solamente había una persona. Me acerqué a ella y le hice una pregunta tonta: «¿Hubo antes aquí un templo budista?».

La persona que estaba ante mí me miró como si estuviera loca. Justo en ese momento entró alguien que al escuchar mi pregunta me dijo: «Por favor, venga por aquí». Me hizo pasar a unas oficinas donde había una enorme biblioteca con los libros de las enseñanzas de Buda traducidos a todos los idiomas. ¡Ellos enviaban los libros a hoteles de todas partes del mundo para que los viajeros pudieran conocer las enseñanzas y llevárselas! Pronto me enteré de que esta empresa producía instrumentos de precisión, como por ejemplo microscopios, con el propósito de financiar su misión de distribuir las enseñanzas de Buda.

Ese mismo día, mientras conducía de regreso a casa, comprendí muchas cosas. En varias ocasiones me había preguntado por qué había estudiado contabilidad. ¿Acaso para generar los recursos que me permitirían prepararme para viajar junto a mi maestro? ¿Lo había hecho para invertir en los programas de radio y televisión que producía para la comunidad latina de Los Ángeles? Comprendí que el Universo, con su suprema inteligencia, había «dispuesto» que mi profesión inicial fuera contadora para que pudiera ganar el dinero suficiente como para iniciar mi camino espiritual, y finalmente cumplir mi misión de ser la maestra que soy en la actualidad.

Quizás tú no entiendas cuál es el propósito de tu profesión, o de tus circunstancias actuales, hasta una etapa posterior de tu vida. Pero una cosa es segura, cuando sueltas y permites que el Universo te guíe, todo se aclara. Cuando practicas la abundancia, y dejas a un lado tus creencias programadas sobre el dinero, el éxito y los logros, todos los caminos son el camino correcto.

La autoestima y la confianza son las claves del éxito

¿Qué es lo que ves cuando te miras en el espejo? ¿Te ves como un gatito indefenso, o como un león que es capaz de hacer cualquier cosa, y sabe que todo es posible?

Estas dos cosas, la autoestima y la confianza, son esenciales para practicar la abundancia. Personalmente aprendí a soltar y a confiar, y Dios sigue sorprendiéndome todo el tiempo. Si queremos hacer realidad nuestros sueños y deseos, el hecho de soltar y confiar nos abrirá la puerta a resultados increíbles. Cuando sueltas y confías, compruebas que Dios te ofrece todos los recursos que necesitas, en el momento preciso en que los necesitas, y sin ningún esfuerzo.

En 2009 mi situación económica cambió. Unos ingresos regulares con los cuales contaba de repente dejaron de llegar. En ese momento tenía muchos empleados, y esos ingresos me servían para pagar su salario. La primera pregunta que vino a mi mente fue: «¿Qué es lo que voy a hacer ahora? ¿De dónde voy a sacar el dinero para pagar a esta gente?».

Mi superinteligente intelecto me dijo: «¡Vas a tener que volver a los impuestos!».

Tan pronto como conseguí soltar esos pensamientos, me dirigí a Dios y le dije: «Tú sabes por qué estoy aquí, y qué es lo que he venido a hacer. Y sabes también qué es lo que necesito y cuándo lo necesito. No me voy a preocupar».

«No me voy a preocupar» se convirtió en mi herramienta para abandonar el miedo y la preocupación. Tal vez te parezca demasiado simple y fácil. ¡Pero funcionó! Y sigue funcionando. ¡Tú también puedes probarlo!

Quiero dejar una cosa clara: la ansiedad y la preocupación seguían estando allí, pero en cuanto percibía el peligro de que pudieran llegar a controlarme, levantaba la mirada al cielo y repetía mentalmente: «No me voy a preocupar». Yo quería que el Universo supiera que no me estaba interponiendo en mi propio camino. Estaba determinada a conseguir la ayuda del Universo. Tenía claro que no podía hacerlo sola. Y también tenía claro que el *Universo tenía un plan*.

Y enseguida ocurrió algo. Recibí una carta por correo de la empresa que gestionaba mi hipoteca en la que me informaban que mis pagos mensuales se habían reducido. Ahora debía pagar solamente la mitad de lo que estaba pagando, porque los tipos de interés habían bajado. No tenía la menor idea de cómo había podido suceder eso. Cuando se lo conté a mis hijos que trabajan en el sector inmobiliario, se sorprendieron mucho. Yo había pagado la hipoteca regularmente. No había contactado con el banco para preguntar nada; simplemente había soltado y había confiado. Y el Universo me respondió. Fue como si me hubiera dicho: «Si estás pensando en preocuparte, ¡por favor no lo hagas!».

¿Lo ves? Dios (el Universo) sabe «cómo hacerlo». Somos nuestros peores enemigos cuando nos preocupamos por el dinero. Eso es realmente lo peor que podemos hacer. No nos corresponde a nosotros saber cómo habrán de suceder las cosas, y cuando nos dedicamos a buscar soluciones con nuestra mente, no hacemos más que obstaculizar la acción del Universo.

Si tienes problemas de dinero, lo primero que tienes que hacer es detenerte y respirar. ¡Relájate! Déjame decirte que no tuve que despedir a ninguno de mis empleados. Incluso pude contratar a más gente. El dinero terminó llegando de lugares que nunca hubiera podido planificar ni imaginar. Llegó de editores de todo el mundo que me enviaban correos electrónicos proponiéndome comprar los derechos de autor para publicar mis libros en sus respectivos idiomas. Recibí invitaciones para dar conferencias en muchos países. Más adelante negociamos las condiciones, firmamos contratos, y recibí transferencias bancarias por anticipado. No tengo la menor idea de cómo fue que se interesaron por mis libros y seminarios, ni cómo consiguieron mi correo electrónico. Ellos dijeron: «La he encontrado por casualidad» o «La he encontrado por accidente». Pues bien, eso es lo que yo llamo el trabajo de Dios.

Para hablar claro, esto no significa que yo me siente tranquilamente sin hacer nada. De hecho, a menudo le dedico largas jornadas a mi trabajo. No obstante, no lo considero realmente un trabajo. Estoy siguiendo lo que me dicta mi corazón y viviendo mi pasión, de manera que estoy feliz de dedicarle tiempo. Y yo sé «por qué» lo hago. Tengo un propósito. Las oportunidades vienen a mí porque estoy haciendo lo que estaba destinada a hacer, y lo que me encanta hacer.

¿Por dónde empiezo?

Deja que tu profesión sea el reflejo y la expresión de lo mejor que tienes para ofrecer. No te conformes con menos. Esto desencadenará la espiral ascendente de la Inspiración, la realización, más Inspiración y más realización, mientras tú prosperas económicamente con poco o ningún esfuerzo. Las personas percibirán la energía de tu entusiasmo cuando trabajas y querrán pagarte más dinero. No serán capaces de explicar qué es lo que les atrae de ti y de tu trabajo, simplemente se sentirán a gusto estando cerca de ti y querrán más de lo que tienes para ofrecer, sea tu producto o tus servicios.

Tal vez ahora estés trabajando con el único propósito de ganar dinero, y has sacrificado tu pasión. Sin embargo, estoy segura de que entre tus clientes, proveedores, amigos o familiares puedes notar la diferencia que hay entre las personas que trabajan por dinero, y aquellas que lo hacen porque realmente disfrutan con su trabajo. Como es evidente, los que trabajan en lo que les gusta, en lo que despierta su pasión, transmiten una energía de alegría y confianza que atrae a los clientes. Y su alegría habitual contribuye a que sean cada vez mejores en lo que hacen. ¡Y esto a su vez les trae cada vez más clientes!

Entonces, ¿en qué grupo quieres estar? ¿Preferirías estar entre las personas preocupadas e insatisfechas que trabajan básicamente por dinero, que confían únicamente en su intelecto, y que se quejan y están descontentas la mayor parte del tiempo? ¿O elegirías estar entre las personas felices e inspiradas que atraen la abundancia sin esfuerzo? ¡Tú eliges! Pero recuerda que si decides permanecer en el primer grupo, tu secreto no es un secreto. Las personas tienen un sexto sentido que las hace sentir incómodas cuando perciben que trabajan con alguien cuyo único objetivo es ganar dinero.

¿Estamos programados para fracasar?

¿Qué es lo que nos permite conseguir el éxito contra todo pronóstico? ¿Por qué nuestro negocio prospera mientras el de nuestros competidores no progresa, incluso cuando el resto de la sociedad afirma que estamos en recesión y que las ventas han descendido? La clave para vivir en plena potencialidad es trabajar para tener una mentalidad de abundancia. Déjame decirte que lo que marca la diferencia es nuestra actitud, nuestras creencias, y nuestras acciones en relación con dichas creencias y actitudes. Estamos siempre «comprando» malas noticias.

Siempre digo que nos han creado para tener éxito, pero nos han programado para «fracasar». Hemos sido programados para creer que las cosas son complicadas y difíciles, que debemos trabajar duro y prepararnos para los días lluviosos. Estamos convencidos de que va a sucedernos algo malo en el futuro, y que tenemos que prepararnos para ello. Aprendemos que no podemos hacer lo que nos gusta, que debemos procurarnos una cuantiosa jubilación. Tenemos que ir a la universidad porque un título académico garantiza que tengamos un trabajo bien remunerado en el futuro, un trabajo que nos dará seguridad y felicidad. ¿Es realmente así? ¿Lo has comprobado? ¿Eres realmente feliz? ¿No tienes ninguna preocupación?

¿Comprendes ahora la importancia de dejar de preocuparse por el futuro, vivir en el presente, momento a momento, y disfrutar de lo que tienes para ser feliz y alcanzar el éxito?

Durante uno de mis seminarios en Asunción, Paraguay, una mujer levantó la mano y dijo: «Mabel, todo lo que dices está muy bien, pero queremos que nuestros hijos sean personas honestas, buenos trabajadores, que vayan a la universidad, que se conviertan en profesionales, que ganen dinero...».

Y siguió adelante hasta que yo la detuve y le pregunté: «¿Te has dado cuenta de que no has incluido en tu lista que sean felices?».

En una conferencia que di en México, una jovencita levantó su mano para decir: «Mabel, estoy a punto de terminar el bachillerato y realmente no tengo idea de qué carrera elegir».

Mi primer pensamiento fue: *¡A tu madre no va a gustarle mi respuesta!* La madre de esta joven estaba sentada a su lado, de manera que le pedí permiso para hablar con su hija antes de responder. Su madre asintió con la cabeza, y yo le dije: «Viaja por el mundo. Cuando vuelvas, tendrás la respuesta». Todo el auditorio aplaudió. Creo que todos los presentes compartieron su alivio y se sintieron liberados.

También ocurrió algo semejante en Moscú, Rusia, cuando un hombre me preguntó: «Mabel, basándome en lo que usted está diciendo, ¿debo decirle a mi hijo que no vaya a la universidad?».

Mi respuesta fue: «¿Y qué pasa si su hijo descubre primero quién es en realidad y cuál es su pasión? Así podrá ir a la universidad por las razones correctas: aprender más de las cosas que le gusten e interesen, y desempeñarse de la mejor manera posible en todo lo que haga».

Muchos de nosotros vamos a la universidad para convertirnos en «alguien», para tener éxito y ser valorados, o para sentirnos seguros. Pero en definitiva, no se trata de los diplomas. En algún momento de nuestra vida decidimos, consciente o inconscientemente, dejar que nuestras creencias determinaran nuestro futuro. Por ejemplo, creemos que somos «alguien» porque tenemos un título universitario, o nos sentimos incompetentes porque no lo tenemos. Estamos convencidos de que una educación universitaria nos proporciona más conocimientos, y asumimos que los que tienen más formación están más capacitados. Bien, déjame decirte que cuanta más tienes, más lejos puedes estar de la sabiduría o la verdad, y «la verdad te hará libre».

Para conocer la *verdad* debes dejar de actuar en base a lo que siempre has aprendido, al conocimiento que has adquirido. Dile a tus creencias, percepciones y expectativas «Las amo, pero necesito partir», y luego déjalas ir. Ofréceles la otra mejilla y libérate. La verdad, igual que el estado de Zero Frequency®, es una experiencia. No se puede describir con palabras. Llegas a ella cuando estás abierto y dispuesto a admitir: «Tal vez no sepa tanto como creía saber». De pronto sabes cosas *con tu corazón*. Pero este saber no tiene nada que ver con la educación y el aprendizaje. Es un saber natural que no puedes explicar ni adquirir en ninguna escuela, instituto, ni universidad.

Conecta con ZERO *frequency*

Tu felicidad no es algo que esté fuera de ti y que tienes que alcanzar. Tu felicidad ya existe dentro de ti. No depende de ninguna cantidad específica de dinero ni del éxito; no requiere reconocimiento ni recompensas. Tu felicidad es algo que tú eliges momento a momento. Necesitamos cambiar nuestra mentalidad acerca del éxito y el dinero, y empezar a practicar la abundancia. Concéntrate primero en tu vida interior. En cuanto cambiamos nuestras creencias, el cambio «exterior» es inevitable, porque es un reflejo de nuestra realidad interior.

He aquí algunas formas de experimentar la abundancia mediante la conexión con Zero Frequency®:

1. Para sentirte feliz de inmediato, recuerda momentos en los que te sentiste alegre, en los que reíste y no dejaste de reír, en los que bailaste jubilosamente, en los que se te sentiste agradecido de estar vivo. El mero hecho de volver a recuperar estos recuerdos te ayudará a experimentar nuevamente la misma felicidad en tu corazón.

2. Recuerda lo que dice Michael Singer sobre la importancia de dejar que las energías negativas como la ira, la preocupación y la ansiedad, «pasen a través de ti». Él nos advierte que no almacenemos esas energías dentro de nosotros. Te sugiero que repitas mentalmente: «No me voy a preocupar».

3. Si descubres que estás preocupándote por un futuro incierto, repite mentalmente: «Suelto y confío». Recuerda que estás en el camino correcto, y que el momento presente es lo único que tienes. Y en este momento tienes todo lo que necesitas.

4. Cuando comiences a cuestionarte o quejarte, recuerda cuál es la perspectiva general de la situación: saber por qué estás haciendo lo que haces.

Siempre hay un propósito superior. Tu corazón te conducirá hacia tu misión.

5. Cree en *ti*. Actúa con confianza. Vuelve a conectar con esa parte de ti que sabe. Seguramente ya has escuchado esto antes: «Finge hasta que lo consigas». Confía en ti. Sé tú mismo. Quiérete.

6. Cambia tu charla mental. Tú puedes modificar tus pensamientos de la misma forma que podrías cambiar la emisora de una radio. Reemplaza los malos hábitos por buenos hábitos: en vez de pensar y preocuparte, suelta y confía. En vez de escuchar a tu intelecto, escucha a tu Inspiración. Sintoniza una emisora diferente.

7. Todos aceptamos las creencias relacionadas con el dinero. Lo que has escuchado decir del dinero cuando eras niño puede estar ahora controlando el flujo de dinero que llega a tu vida. Y recuerda que el dinero es solamente lo que tú crees que es. Practica amarlo y aceptarlo en tu vida. No hay nada malo en él. Anula tus pensamientos negativos diciendo: «Gracias, pero no, gracias; estoy ocupado; tengo cosas importantes que hacer». Debes saber que si lo permites, cada vez llegarán más cosas de lugares que nunca habrías podido imaginar.

8. Las personas creativas te dirán que sus ideas no proceden de su mente. ¿Estás buscando la idea del millón de dólares? Haz lo mismo que hicieron ellas. Conecta con la naturaleza, sal a dar un paseo, escucha música, toma una ducha, o echa una siesta, y mantente abierto y receptivo, porque esa idea podría llegar mientras duermes. ¡Relájate!

Puedes encontrar más recursos de Zero Frequency® en: www.zerofrequency.com/recursoslibro.

Capítulo 11

¿Por qué es importante que vivas en Zero Frequency®?

La mente es como un paracaídas.
No funciona hasta que se abre.
Frank Zappa

L a humanidad está experimentando diferentes tipos de perturbaciones y calamidades: tsunamis, terremotos, incendios, inundaciones, accidentes aéreos, crisis económicas, racismo, ecosistemas en peligro, la amenaza de que se eleven los niveles del mar, tráfico de seres humanos, la epidemia de la droga, crímenes, delitos sexuales, ataques terroristas. En definitiva, todo esto nos dice algo: ha llegado el momento de despertar.

Debemos darnos cuenta de que estas circunstancias se han producido para ayudarnos a asumir la responsabilidad, cambiar y deshacernos de las memorias que se repiten en nuestra mente, y así poder liberarnos, y liberar a nuestras comunidades y al planeta entero. El cambio empieza en nosotros. Si no tomamos conciencia de esto, la vida va a ser cada vez más difícil. El Universo nos va a golpear cada vez más duramente.

La tragedia es que todavía estamos dormidos. ¿Cuántas catástrofes tienen que producirse, y cuántas personas tienen que perder la vida antes de que despertemos? Somos tan poderosos que realmente podemos llegar a destruirlo todo si seguimos «creyendo» que la paz en la Tierra es imposible. El mundo es inestable, y la infelicidad es una parte normal de la vida.

En algunas ocasiones doy el ejemplo de Jesús de Nazaret. Él se enfrentó al Templo porque advirtió el poder, el control y la manipulación que el sacerdocio ejercía sobre la gente. Y después de su muerte, ¿qué fue lo que hicimos? ¡Creamos templos en su nombre! No comprendimos ninguno de sus poderosos mensajes. Mi hijo pequeño me dijo un día: «Mamá, ¿sabes lo que estaba pensando? Si Jesús volviera, se moriría al ver lo que hemos hecho en su nombre».

Estamos viviendo en una era muy importante de evolución y grandes cambios, y nuestras formas de pensar están caducas, ya no nos sirven. Seguimos diciendo a nuestros hijos que son irresponsables si no se preocupan. Les decimos que son tontos si no piensan y usan su cabeza. ¡Hay que despertar! Esto no funciona. La conciencia es la única forma de conseguir paz en el mundo. Y esto empieza con la felicidad de cada uno de nosotros. Si eres consciente, tu corazón se siente en paz y no en guerra.

Las personas de todo el planeta están despertando al percatarse de que lo que antes funcionaba ya no sirve. Hay una búsqueda de diferentes formas de vivir. Las mentes se están abriendo a nuevas posibilidades. Cada vez son más las personas que advierten que no saben tanto como creían saber. ¡Esperemos que no opongan resistencia a esos conocimientos! Como sabes, la vida es dura *porque* nos resistimos. Nos resistimos a todo. Y al hacerlo, nos la complicamos mucho.

En una meditación especial que hice en un ashram en India, teníamos que girar en sentido contrario a las agujas del reloj durante cuarenta y cinco minutos. Si no te caías después de girar, tenías que *dejar* que tu cuerpo bajara lentamente hasta el suelo. Adivina lo que descubrí: si tú no intentas planificar el aterrizaje por anticipado (controlando, pensando, o resistiendo) llegas al suelo con suavidad. Y el suelo te recibe gentil y naturalmente. Cuando me dejé caer de este modo, sentí que me fundía con la tierra. Piensa en ello. Cuando los niños se caen, lo hacen de una forma relajada. No intentan controlar la caída ni oponerse a ella, y tampoco intentan protegerse. ¡No se resisten!

Joseph Campbell dijo: «Si te estás cayendo... zambúllete. Nosotros estamos en una caída libre hacia el futuro. No sabemos a dónde nos dirigimos. Las cosas están cambiando muy rápidamente; y cuando estás atravesando un túnel largo no es raro que sientas ansiedad. Todo lo que debes hacer es transformar tu infierno en un paraíso, y tu caída se convertirá en un acto voluntario. Es un cambio de perspectiva muy interesante, y eso es todo lo que es... colaboras alegremente con las aflicciones... y todo cambia». Lo que nos pone las cosas más difíciles es precisamente nuestra constante resistencia (pensar, preocuparse). Vamos en contra de la corriente. En los tiempos que estamos viviendo no podemos permitirnos seguir oponiendo resistencia.

Estamos ante un nuevo paradigma. En casi todos los aspectos de la vida —la ciencia, la educación, los negocios, e incluso nuestro clima– nos estamos dando cuenta de que lo que solía funcionar ya no funciona. Por este motivo es *crucial* que practiquemos conectarnos con Cero. Ahora más que nunca el planeta necesita que seamos nosotros mismos, liberados del miedo, de las memorias, de la negatividad y de lo que percibimos como limitaciones. El Universo nos está pidiendo que nos conectemos con nuestra identidad real y volvamos a Cero, porque en este estado ilimitado, inocente y jubiloso podemos estar a la altura de las circunstancias y sanar el mundo.

A medida que el mundo gira, concédete permiso para aceptar el nuevo paradigma. Actúa de acuerdo con él, y fúndete con la tierra. No te resistas. Déjate llevar con el fluir de los acontecimientos. Confía en lo incierto. Recuerda que todo aquello a lo que te resistes, persiste. Lo que está por llegar será mejor y más grande.

Las antiguas creencias dan paso a las nuevas

En *Los siete hábitos de la gente altamente efectiva*, Steven Covey explica: «El término cambio de paradigma fue introducido por Thomas Kuhn en un libro que fue un hito: *La estructura de las revoluciones científicas*. Kuhn nos muestra que prácticamente cualquier avance significativo en el campo de las iniciativas científicas implica en primer lugar romper con la tradición, con las antiguas maneras de pensar, con los antiguos paradigmas».

El autor continúa afirmando: «Nuestros paradigmas son la forma en que "vemos" el mundo o las circunstancias. Pero no en términos del sentido de la vista, sino en términos de percibir, comprender, e interpretar. Los paradigmas son inseparables del carácter. En la dimensión humana, ser es ver. Y lo que vemos está muy interrelacionado con lo que somos. No podemos ir muy lejos para cambiar nuestro punto de vista sin cambiar simultáneamente nuestra forma de ser, y viceversa».

La ciencia se está dando cuenta ahora de que muchas teorías, interpretaciones y supuestos eran erróneos. Uno de los pioneros en insistir en la necesidad de educar a nuestros jóvenes basándonos en diferentes valores y principios es Gregg Braden. Él se graduó en la Universidad de Montana con una licenciatura en geología. Este experto en sistemas informáticos e investigador de la conciencia destaca el hecho de que si nos basamos en las viejas maneras de pensar no seremos capaces de resolver nuestros problemas y desafíos, de modo que el sistema educativo debe aceptar las nuevas tendencias de una vez por todas.

De una forma lenta pero segura, estamos tomando conciencia de la sociedad enajenada que hemos creado. Ponemos a las personas en cajas y las convertimos en seres humanos ordinarios y «normales». Y si no se comportan o piensan como se espera de ellas, las medicamos. Aldous Huxley dijo: «Las masas tienden a la mediocridad». Mantente concentrado y en movimiento. No dejes que la opinión de otras personas te influya y te haga dudar de lo que te dice tu instinto. ¿Estás dispuesto a decirle «sí» a tus presentimientos, aunque eso signifique ser diferente?

Este año hablé frente a mil doscientos alumnos de un instituto de enseñanza secundaria en la ciudad de Puebla en México. Me impresionó que me escucharan con atención durante noventa minutos. Al final les pregunté si alguien quería compartir algo, hacer alguna pregunta o comentario. Fue maravilloso ver la cantidad de jóvenes que se acercaron al estrado para compartir conmigo sus opiniones sobre el mensaje.

Estoy muy agradecida por la oportunidad que me da Dios de estar en compañía de gente joven. Quiero llegar a la mayor cantidad posible de jóvenes con mi mensaje para que empiecen a ser felices *ahora mismo*.

Mientras estaba escribiendo este libro di algunas conferencias en varios institutos de México y España, y recibí mucha más atención de lo que esperaba. Los alumnos compartieron historias y maravillosos testimonios, y yo disfruté enormemente trabajando con ellos.

En Málaga, España, di una charla en un instituto al que asistían jóvenes bastante problemáticos, incluidos algunos que habían sido expulsados de otros colegios. Al final de mi presentación un alumno me preguntó: «¿Y cuánto tiempo se tarda en conseguir llegar a Cero?». Fue tan dulce y sincero. Hablaba desde su corazón. Él realmente quería saber cómo podía vivir en Zero Frequency® *ahora*. Sentí ganas de abrazarlo.

Entonces le dije: «El tiempo que tardes en llegar a Cero depende de ti. Tú lo decides a cada momento. Tú puedes ser feliz ahora mismo».

La gente joven está más preparada para los nuevos paradigmas de lo que tú piensas, y muchos de ellos ya practican algunos aspectos de lo que tú has aprendido en este libro. También tienen diferentes chips, diferentes percepciones, y la mente mucho más abierta. A ellos no tienes necesidad de decirles que piensen de una forma diferente a lo establecido. Ellos nos llevan la delantera. Ese es el motivo por el cual escribí un libro para niños, *El camino más fácil para crecer*, dirigido a niños de entre tres y cien años. (Nosotros los adultos lo necesitamos tanto como los niños). Recopilé todos los mensajes que cambiaron mi vida en un audio que acompaña al libro. No deberíamos dejar que nuestros niños pasen por lo que tuvimos que pasar nosotros, solo para descubrir cuarenta años más tarde que han desperdiciado su vida. Creo que es muy importante que nuestros niños sean felices AHORA.

Gracias a Dios, hay muchas personas que están reconsiderando la situación, y empiezan a escolarizar a sus hijos en casa. Muchos niños a los que se ha ofrecido esta alternativa educativa están dando conferencias sorprendentes en Internet. Cuando tengas un momento libre, busca la conferencia TEDx de La-Plante de la Universidad de Nevada, donde se explica que la escolarización en los hogares convierte a los niños en personas felices.

La espiritualidad es la base

La persona que organiza mis seminarios en Japón me preguntó una vez por qué no había mencionado que mis seminarios tenían un componente espiritual. Yo le respondí: «Si lo hiciera, nadie en los Estados Unidos me contrataría».

Y él dijo: «En Japón no la contrataríamos a menos que supiéramos que sus seminarios tienen un componente espiritual, porque los japoneses sabemos que la base de un negocio próspero *es* la espiritualidad».

Esto es esencial. La espiritualidad *es básica y muy importante*. Como quizás recuerdes, descubrí esto en mi propia vida cuando aún trabajaba como contadora y estaba empezando un viaje que todavía era muy nuevo para mí: el viaje hacia el mundo espiritual.

Teníamos una alumna en California que solía hablar con objetos inanimados. Ella era contadora y cierto día que vino al taller me dijo que había renunciado a su trabajo en un estudio de contabilidad y que iba a abrir una tienda de flores. Mi primera pregunta (mi intelecto todavía funciona muy bien) fue: «Pero Christine, ¿sabes algo de flores?»

Ella contestó: «No, pero sé que eso es lo que tengo que hacer».

Asistió al siguiente taller y cuando llegó nos contó: «Voy al mercado de flores con mi lista de pedidos, pero cuando estoy allí pregunto a las flores: "¿Quién quiere venir conmigo?". Y yo veo a las flores levantando sus manos. Entonces miro mi lista y me doy cuenta de que algunas de ellas no están incluidas. Sin embargo, confío y de cualquier manera las compro. Cuando llego a la tienda oigo sonar el teléfono. Contesto, ¡y la persona que está al otro lado me pide precisamente esas flores que no estaban en la lista pero que habían "levantado la mano"!».

Esto puede sonar descabellado, pero para Christine es muy real. ¿Por qué no confiar en tus propios instintos? ¿Por qué no tener fe en tu propia verdad? ¿Realmente necesitas un plan de cinco años para alcanzar la felicidad y la abundancia?, *¿Realmente* necesitas tener un diploma universitario para poder hacer todo eso que te interesa y desarrollar tus pasiones? En realidad no existen reglas, y tu realidad es tu realidad.

Siempre hay ideas innovadoras a tu disposición. Tú solamente tienes que saber cómo reconocerlas y canalizarlas. Como podemos ver, de esta forma incluso las personas con «discapacidades» pueden encontrar una función estimulante en la sociedad. En 2017, por ejemplo, el ochenta por ciento de los adultos autistas estaban desempleados.[*] Y sin embargo muchos de ellos son especialmente inteligentes y poseen habilidades que algunas industrias buscan en sus nuevas

---

[*] https://www.monster.com/career-advice/article/autism-hiring-initiatives-tech

contrataciones. Entre esas cualidades se encuentran, por ejemplo, la atención a los detalles y el pensamiento creativo. En el nuevo paradigma, las compañías tecnológicas como Microsoft, IBM y Hewlett Packard han descubierto el valor de crear programas de contratación para trabajadores autistas. Estas iniciativas también han modificado de un modo positivo la dinámica laboral para otros empleados. Como puedes ver, si valoramos lo mejor que hay en cada uno de nosotros podremos avanzar hacia una sociedad más sostenible y más humana. Este es el nuevo paradigma, y tú tienes una función que desempeñar en él.

Felicidad en el lugar de trabajo

El Reporte Mundial de la Felicidad es un estudio sin precedentes del estado de felicidad global, generalmente difundido por Naciones Unidas en un evento que se celebra el Día Internacional de la Felicidad. El reporte continúa ganando reconocimiento global debido a que los gobiernos, las organizaciones y las asociaciones civiles utilizan cada vez más los indicadores de felicidad para comunicar sus decisiones políticas. Además de los *rankings*, el reporte de este año incluye un análisis de la felicidad en el lugar de trabajo. Se ha aceptado universalmente que los empleados son la columna vertebral de cualquier organización. No obstante, una fuente no menos respetada y reconocida como es el *Harvard Business Journal* reconoce que los empleados *felices*, en todos los niveles de la jerarquía, están más motivados y comprometidos, y son más productivos.

En esta nueva era en la que estamos entrando vemos que muchas empresas se declaran en bancarrota; ya no son rentables. Hay algo en ellas que ya no funciona, tal como sucede en muchas de nuestras vidas. Una vez más, ¿seguiremos tomando las mismas decisiones con la esperanza de obtener resultados diferentes?

Debemos abrir nuestra mente, como individuos y como empresas, y crear negocios que estén en consonancia con los nuevos tiempos. Y hoy en día, el factor de la felicidad ya no puede ser ignorado. La felicidad, aliada con nuestros talentos individuales, constituye el pilar de las nuevas empresas y del nuevo mundo. Esto nos muestra cuán importante es que seamos padres felices, porque los padres felices tienen hijos felices, y los niños felices crearán empresas felices. Las empresas felices no se declaran en bancarrota.

Una de las clases con más asistentes en Harvard, es una clase que instruye a los alumnos en el secreto de la felicidad. Psicología 1504, o «Psicología positiva», se ha convertido en la materia más popular del campus.

En la Universidad de Pensilvania, el doctor Martin Seligman habla sobre la felicidad auténtica. Seligman introduce a los alumnos en los conocimientos científicos básicos de la psicología positiva, y les enseña los hallazgos clave de la investigación que dan lugar a una comprensión revolucionaria de las causas de la prosperidad. En este nuevo paradigma, la felicidad debe ser nuestro estado natural. Por eso es importante que vuelvas a Cero; sí, *tú*. Cuando prosperas, otros te siguen, y la paz y la abundancia se convierten en nuestra experiencia global.

Tu sitio en la nueva era

Como ya he mencionado en este capítulo, todo está cambiando. En este nuevo paradigma, el Universo te pide que te adaptes a los cambios y que tus visiones y pensamientos sean más flexibles. ¡La buena noticia es que ahora sabes exactamente cómo hacerlo! Cuando vives en Zero Frequency®, eres receptivo a las nuevas ideas y posibilidades de una manera natural, y te sientes como en casa con el nuevo paradigma. De hecho, ¡prosperas en el nuevo paradigma! En este libro he compartido contigo muchas formas de conectar con Cero. Es la forma fácil de desprenderse de los viejos paradigmas que hay en tu mente y en tu vida diaria, de estar a la altura de las circunstancias y de aprovechar al máximo el cambio que está teniendo lugar en todo el mundo.

El cambio continuo es una ley del Universo, y nos recuerda que todas nuestras circunstancias son temporales. Esto significa que es posible resolver cualquiera de los desafíos que hoy afrontamos. Siempre hay una nueva oportunidad para crecer, para la alegría y para la paz. Tú eres responsable al cien por ciento de tu propia felicidad, abundancia y éxito. Si aceptas esta responsabilidad y te conectas con Cero todos los días, no solamente cambiarás tu vida, también cambiarás el mundo.

Epílogo

Tienes derecho a cometer errores

¿Por qué llamo a estas páginas finales «epílogo» y no resumen? Utilizo el término epílogo porque esta es la razón por la que has leído este libro, para llegar a tu propio epílogo. En las películas, es la vida feliz que llega meses después de haber aprendido las lecciones y haber ganado las batallas. En los libros, es el capítulo que te cuenta lo que les ha sucedido a los personajes mucho después de que haya acabado la historia. Tú deseas un epílogo apacible, próspero y feliz. Quieres un «después» que celebre el cumplimiento de los sueños. Lo entiendo. Es lo que todos queremos.

Ahora conoces cuál es la forma más fácil de llegar al epílogo que tú deseas. Sin embargo, algunos parecen necesitar más tiempo para llegar a ese «después». En algunas ocasiones cometerás errores. Nos equivocamos cuando queremos hacer las cosas a nuestra manera, y no a la manera de Dios; cuando estamos seguros de que *sabemos*; cuando utilizamos el intelecto, la mente consciente. Cuando cometas esos errores, sé amable contigo mismo. Somos humanos y estamos aquí para aprender. Intenta hacerlo lo mejor posible.

Sé bondadoso contigo mismo. Tus «errores» del pasado formaron parte de la etapa de aprendizaje. Tal vez no fueron errores, sino una parte importante de tu preparación. Nuestro mayor aprendizaje llega a través de nuestras experiencias adversas. Estoy segura de que siempre has dado lo mejor de ti. Pero ahora debes saber que puedes cambiar. Ahora sabes cómo deshacerte de todo lo que ya no te sirve, para poder ser feliz, tener éxito y estar en paz.

Thomas A. Edison se las ingenió para inventar la bombilla eléctrica después de mil intentos. ¿Acaso crees que él tenía la percepción de que fallaría en mil ocasiones? Estas son sus propias palabras: «Yo no fracasé mil veces. La bombilla eléctrica fue un invento que requirió mil pasos».

A veces las dificultades parecen insuperables cuando, en realidad, son oportunidades. De un modo similar, los momentos de trabajo duro y de sacrificios son «pruebas» que garantizan que el camino que estamos transitando es el camino correcto para nosotros. Si tú concluyes: «Esto no es para mí», y dejas que las molestias o las distracciones se conviertan en una excusa para abandonar, no estarás persiguiendo tu pasión, tu camino. De manera que lo mejor que puedes hacer es seguir avanzando. Escuchar un «no», encontrar obstáculos, no son más que oportunidades. Cuando esto te suceda, limítate a decir: «Gracias por la oportunidad. Algo mejor está por llegar». El único fracaso es no aprender.

Si tienes miedo de ir en busca de lo que deseas, probablemente todavía no te has conectado con el anhelo real de tu alma, o tal vez haya muchas memorias que están interfiriendo. Solamente tú, en el silencio de tu corazón, puedes determinar cuál es el camino que has de seguir. Permanece leal a tu corazón y no te preocupes. Y tal como dijo Winston Churchill: «Independientemente de lo que suceda, ¡jamás te des por vencido!».

Recuerda que si te olvidas de practicar, sea durante un momento, algunos meses o incluso años, siempre puedes regresar. Es muy simple, tan simple como decir: «Lo lamento. No sé qué es lo que estoy haciendo, pero intento hacerlo de la mejor manera posible». Es muy importante que seas amable contigo mismo. El Universo está allí, esperándote, como estaba antes y como siempre estará.

Es bastante frecuente que cuando cometemos un error o dejamos de practicar y de soltar, consideremos que hemos fracasado y nos castiguemos de algún modo. Esto es humano, pero no es permanente. Tú puedes volver a Zero Frequency® de inmediato. Relájate. Detente. Respira. Ríe. Es muy sencillo. En vez de lamentarte, arrepentirte, y quedarte en el pasado, vuelve al presente. Y luego vuelves a hacerlo. Y lo haces una vez más. Las memorias están activas en tu mente todo el tiempo, por lo tanto debes practicar esto momento a momento, y respiración tras respiración.

En su libro *El poder del ahora*, Eckhart Tolle habla de soltar y estar presente. Él dice: «Con la práctica, la sensación de quietud y de paz es cada vez más profunda. También sentirás una sutil emanación de júbilo que surge desde lo más profundo de ti; la alegría de Ser... En este estado estás más alerta, más consciente que cuando te identificas con la mente. Estás plenamente presente... En esta práctica hay un criterio específico mediante el cual puedes medir tu éxito: el grado de paz que hay dentro de ti».

El epílogo que te brindará más paz, abundancia y felicidad puede sorprenderte. Quizás visualices un «final feliz», y a través de la práctica, siguiendo tu corazón, descubras que tu *verdadera* alegría es el propio camino. Relájate. Llegará. Y será perfecto *para ti*.

Este no es el día después de ayer. Es el día antes de mañana. Este es el primer día de tu viaje hacia una nueva vida. Ahora ya tienes todas las herramientas que necesitas. No tienes que esperar más. Todo está en tus manos. Sencillamente confía, y da el primer paso con absoluta certeza. Zero Frequency® es el camino del menor esfuerzo.

Sé que estás preparado para encontrar tu verdadero ser y para descubrir el sentido de tu vida. Por esa razón has leído este libro. Mi deseo para ti es que abras tu mente y cambies tu percepción, que disfrutes del proceso y permanezcas presente, que vivas con esperanza, confianza y entusiasmo, y que confíes. Y que tengas paz más allá de toda comprensión.

Acerca de la autora

Mabel Katz es escritora, conferencista y una embajadora de la paz aclamada mundialmente. Es una reconocida autoridad en Ho'oponopono, el ancestral arte hawaiano para resolver problemas y alcanzar la paz y la felicidad. También es la creadora de Zero Frequency®, una forma de vida que te enseña a asumir la responsabilidad al cien por ciento, y a practicar el perdón y la gratitud como camino hacia «el Cero» —el estado en el cual nos liberamos de las memorias que nos limitan y las creencias que nos coartan, para poder descubrir nuestros talentos ocultos en la búsqueda de una vida más abundante—.

Honrada con la prestigiosa Bandera de la Paz 2012 Mil Milenios, en reconocimiento a su iniciativa global para la paz, *La paz interior ES la paz mundial*, Mabel fue reconocida oficialmente como una de las embajadoras de la paz más destacadas del mundo, y el 1 de enero de 2015, se le concedió el Premio del Público por la Paz. Ha hablado en senados nacionales y otros organismos gubernamentales, entre ellos las Naciones Unidas en Viena, donde dio a conocer su aclamada campaña *La paz comienza CONMIGO*.

En 2013, fue reconocida por sus labores humanitarias cuando la venerable Orden de los Caballeros Hospitalarios de San Juan - Gran Priorato Ruso le otorgó el título de *Dame* Mabel Katz.

Mabel sigue viajando por todo el mundo, ayudando a innumerables personas a encontrar paz interior y una mayor satisfacción en sus vidas.

Mabel ha escrito varios libros, que se han traducido a más de veinte idiomas.

Cuando no está impartiendo talleres alrededor del mundo, comparte su sello original de conciencia con reclusos, niños con necesidades especiales y docenas de organizaciones que buscan conseguir el máximo rendimiento a través de una autoconciencia más profunda.

Para conocer los programas de Zero Frequency® de Mabel dirigidos a niños, padres y educadores que son una experiencia transformadora, para obtener información sobre su línea completa de seminarios, talleres y conferencias, o para pedir libros, puedes contactar con la autora en:

ZERO *frequency*

\#P.O. Box 427
Woodland Hills, CA 91365
Telephone/Fax: (818) 668-2085
support@mabelkatz.com